中国肉类进口贸易影响因素研究

朱增勇 马莹 林挺 等◎著

中国农业科学技术出版社

图书在版编目（CIP）数据

中国肉类进口贸易影响因素研究 / 朱增勇等著.
北京：中国农业科学技术出版社，2024.11. -- ISBN
978-7-5116-7085-4

Ⅰ. F752.652.5

中国国家版本馆CIP数据核字第2024NK4290号

责任编辑　金　迪
责任校对　李向荣
责任印制　姜义伟　王思文

出 版 者	中国农业科学技术出版社
	北京市中关村南大街 12 号　　邮编：100081
电　　话	（010）82106625（编辑室）　（010）82106624（发行部）
	（010）82109709（读者服务部）
网　　址	https://castp.caas.cn
经 销 者	各地新华书店
印 刷 者	北京建宏印刷有限公司
开　　本	185 mm×260 mm　1/16
印　　张	8
字　　数	190 千字
版　　次	2024 年 11 月第 1 版　2024 年 11 月第 1 次印刷
定　　价	98.00 元

◀ 版权所有·侵权必究 ▶

《中国肉类进口贸易影响因素研究》
著者名单

主　　著　朱增勇　马　莹　林　挺

参著人员　刘　畅　许锡炜　黄亚坤

　　　　　　杨昕怡　何　洋　李鹏程

　　　　　　郭舒辰　陆　佳　森巴提·叶尔兰

畜牧产业是关系国计民生的重要产业，肉类是百姓"菜篮子"中的重要品种，肉类生产已由总量的快速扩张转为质量提升。随着中国经济发展和国民人均收入水平提高，畜产品消费占比逐年提升，畜产品消费从温饱型向营养健康型转变，猪肉消费量相对稳定，但占比下降，牛羊禽肉消费量和占比呈现增加趋势。过去20年间中国肉类产品进口增长迅猛，出口显著下降，中国已成为全球最大肉类进口国，国内外市场联动性明显提升，肉类产品贸易功能也逐渐转向保证国内食物安全、满足居民多样化消费需求、稳定市场价格和促进农民增收。

双循环的新发展格局是深化畜牧产业高质量发展的重要引领。中国对外贸易经历了从逐步开放的保护型贸易向以内循环为主、内外循环相互促进的演化过程，既要立足高质量发展的新格局，持续提高畜产品综合生产能力和重要畜产品保障供应能力，又要防止全球价值链风险冲击，加快调整对外贸易战略以适应新发展格局，培育畜牧业国际竞争新优势，从容应对国内国际风险挑战。同时，保持畜产品产量和质量双提高、切实保障国家粮食和重要畜产品的有效供给面临诸多挑战。《"十四五"全国畜牧兽医行业发展规划》指出，猪牛羊禽肉、乳制品等重要畜产品在高水平上保持稳定供应难度加大，依靠国内资源扩大生产和提高产能所面临的挑战不断增加。"十四五"中国畜牧业发展的内外部环境更加错综复杂，国际畜产品贸易环境复杂性、严峻性上升，平稳运行压力加大，依靠进口调节国内余缺的不确定性加大，对构建双循环的新发展格局带来了诸多挑战和不确定性。

肉类进口起到补充国内供应、优化资源配置的作用。2024年中央一号文件强调"增强粮食和重要农产品调控能力"，为了推进现代农业的转型并保障食物安全，必须高效利用"两种资源"和"两个市场"。肉类进口补充了国内供应、优化资源配置，在保障肉类供给安全方面取得显著成效，但一系列潜在风险与挑战也日益凸显。如俄乌冲突、贸易保护主义抬头以及动物疫病等因素导致全球畜产品供给受阻，冲击国际畜产品供给体系，引发全球畜产品价格剧烈波动，这些均导致中国和世界畜产品供给波动性问题加剧。因此，将肉类产品安全主动权牢牢握在手中，构建稳定、可靠、多元化的全球肉类产品供应链，解决国内肉类产品供需错配问题，对于稳定中国和世界畜产品供给、调整中国和世界畜产品供需平衡具有重要意义。

随着2010年以后中国肉类进口量增加，进口肉类对国内市场和产业影响逐渐增大，同时存在过量进口、进口时机不合理等问题，不但不利于市场稳定，还可能会冲击国内产业。因此，从市场机制的宏观视角和进口行为的微观视角分析中国肉类进口的影响因素，结合国内产业和市场形势，科学研判未来肉类贸易发展趋势，提出肉类进口贸易调控对策，对于更好地利用国内外两个市场、保障肉类供给稳定以及防止外部供给对国内市场产生冲击具有重要的参考价值。从理论意义来看，利用国际贸易相关理论研究中国肉类进口贸易发展趋势及特征，对中国肉类进口贸易影响因素进行了较为全面、系统的评价和分析，深化和丰富了猪肉、牛肉以及禽肉等畜产品国际贸易理论研究成果。在研究方法和研究思路上，通过研究新常态下肉类进口贸易动因与贸易基础，能够充实和发展传统贸易理论和国际新贸易理论，从供给、规模经济、生命周期、需求偏好、比较竞争优势、要素禀赋等角度研究肉类进口贸易产生的原因和影响因素，既是对现有文献的重要补充，也可为后续研究提供框架参照和基础支撑。从现实意义来看，中国是肉类的生产和消费大国，利用国际贸易市场适时适量进口是稳定中国肉类供给和肉类价格的重要抓手。同时，由于生猪、肉牛生产周期较长，其产能波动到市场波动传导性时间长导致市场供需形势预判不准确和不及时，准确把握进口时机难度大，国内外市场波动与肉类进口间的时滞性又会导致进口过量，进而影响稳定国内市场和产业的效果。因此，探究中国肉类进口贸易影响因素，科学评估其对中国畜牧产业和肉类市场的影响程度，有利于科学调控肉类进口贸易，分析肉类进口主体贸易商市场预期和行为决策的影响因素，有利于出台和落实针对性的贸易调控对策，为建立健全肉类进口贸易支持政策体系提供借鉴和参考，对于保障中国肉类外部供给稳定具有重要的现实意义。

本书研究内容的总目标是在分析总结中国肉类进口贸易趋势和特征的基础上，明确影响中国肉类进口贸易的因素，研判未来肉类进口的发展趋势，提出优化中国肉类进口贸易发展和促进中国畜牧产业健康发展的对策建议。基于研究总目标，具体研究目标包括：一是研究肉类进口贸易影响因素和未来发展趋势为贸易调控政策制定提供参考。系统总结和分析中国肉类进口贸易发展趋势和不同阶段发展特征，研判未来肉类贸易发展趋势，不但能为贸易调控政策制定提供参考，还有利于畜牧产业政策的制定。探究肉类进口来源布局变迁的原因，科学评估其影响程度，有利于稳定肉类贸易供给，实现国内外肉类市场的良性循环。二是从政策调控和贸易主体引导两个视角找出肉类进口调控对策。从宏观角度研判肉类进口与国内外市场的耦合关系以及不同时间维度肉类进口量的影响机制，客观科学评估肉类进口贸易的影响，找出合理调控肉类进口贸易的关键；从微观角度研判影响猪肉贸易商进口决策行为的关键因素，以实现产业政策与贸易发展战略的协同。

本书所使用的数据涵盖宏观层面的统计资料和微观层面的实地调研资料两大类。宏观统计数据方面，在梳理中国肉类供给、消费发展趋势等内容的过程中使用1978—2023年全国畜牧产业宏观的基础数据主要来自国家统计局、农业农村部；疫病因素、生产成本因素等实证分析的变量指标来自《全国农产品成本收益资料汇编》、中国政府网；贸易政策、进出口贸易、欧美肉类价格及关税税率等相关数据主要来自中国海关总署、世界贸易组织、联合国商品贸易统计数据库、联合国粮食及农业组织统计数据库、美国农业部、欧盟委员会等官方渠道；微观调研数据方面，第6章肉类贸易商进口行为及其影响因素研究所采用的分析数据，主要通过委托中国土畜食品进出口商会向其会员企业随机发放问卷，对中国不同地区、不同规模、不同类型的猪肉进口贸易商进行线上调研所获得，通过问卷调查的形式对所需的研究数据进行补充和定性、定量分析。

本书出版的预期贡献主要在于以下四方面：一是从研究视角来看，分别从市场机理和进口主体行为两个角度探索如何构建科学有效的肉类进口贸易调控机制。二是从市场机理角度，厘清肉类进口贸易发展的驱动因素及其对国内产业和市场的影响，解释中国肉类进口刚性增长和较高弹性波动的机理，把握保障肉类进口适量、真正发挥起补充调剂作用的调控关键。三是从微观视角，研判贸易商市场预期和行为决策的影响机制，以找出通过政策调控、信息引导以促使贸易商实施更加合理的进口行为的对策。四是从研究内容来看，从长期发展趋势和短期波动两个时间维度，综合分析肉类进口量价的影响因素，科学研判肉类进口对国内市场的影响，预判未来肉类进口贸易发展趋势；通过问卷调研和实地访谈等方式，研究猪肉进口贸易商市场预期及决策行为的影响因素，填补现有研究中猪肉贸易主体行为决策相关研究的空白，有利于肉类进口调控政策和市场引导对策的落地。

受限于笔者学术研究能力和信息获取条件，本书还存在诸多不足：第一，肉类进口量价选取的指标及其指标量化方面，肉类进口影响因素由于无法量化和数据收集难度较高等原因可能不够充分。第二，猪肉进口贸易商行为及其影响因素调研方面，样本数量及样本代表性可能存在局限，由于样本经营规模差异较大，影响了不同规模贸易主体行为决策的代表性。第三，数据颗粒度限制对研究结果有一定影响。在测算肉类进口贸易影响因素时，没有区分不同部位不同价值的肉类产品的量价，导致没有充分考虑到一部分刚性进口的低价值肉类对国内市场的可能影响。但是，随着中国针对肉类贸易研究的不断深化，相信本书不完善的地方将会持续修正和完善。

2010年以后中国才开始逐渐开放肉类进口来源市场，因而国内学界针对肉类贸易方面的研究相对较少，但近年来在环境规制、非洲猪瘟疫情与新冠疫情三重叠加冲击下，肉类供需缺口增大，促使肉类进口量大幅增长，进口肉类对国内产业和市场影响逐渐加深，开始引起各界对肉类进口贸易研究的关注，肉类贸易研究显得越发迫切。编者长期承担农业农村部畜牧兽医局"开展国际畜产品贸易监测数据处理分析会商"课题，收集了大量官方的畜产品贸易数据，为本书的数据收集与内容撰写奠定了坚实的基础。同时，基于团队成员林挺的硕士毕业论文核心研究内容搭建研究框架，并结合中国农业科学院饲料研究所马莹研究员、团队成员助理研究员李鹏程、科研助理黄亚坤、硕士生郭舒辰、硕士生刘畅、硕士生杨昕怡、硕士生许锡炜、硕士生陆佳以及全国畜牧总站何洋等编者的研究内容，经过多轮研讨、修改以及完善，最终呈现本版内容。

本书的完成离不开中国农业科学院北京畜牧兽医研究所的大力支持与帮助以及畜牧业经济创新团队全体成员的共同努力，最后希望本书的出版能为中国政府、学界、贸易商以及养殖户等畜牧业同行带来些许帮助，为未来中国肉类进口贸易研究提供一定借鉴。

朱增勇

2024年9月

目 录

第一章 中国畜产品进口波动、结构调整及贸易效应研究

1.1 中国畜产品进口贸易演变历程及特征 ················· 1
  1.1.1 中国畜产品进口贸易发展特征 ················· 1
  1.1.2 中国畜产品进口品种结构 ················· 2
  1.1.3 中国畜产品进口市场结构 ················· 3
1.2 中国畜产品进口波动、结构调整及贸易效应 ················· 4
  1.2.1 畜产品范围界定及数据来源 ················· 4
  1.2.2 畜产品进口波动、结构调整及贸易效应机理 ················· 4

第二章 中国猪肉进口演变趋势及特征

2.1 猪肉供需形势 ················· 10
  2.1.1 猪肉供给发展趋势 ················· 10
  2.1.2 猪肉消费发展趋势 ················· 12
2.2 猪肉进口贸易发展趋势、特征及影响因素 ················· 14
  2.2.1 猪肉进口贸易发展趋势 ················· 14
  2.2.2 猪肉进口量价波动特征及影响因素 ················· 20
  2.2.3 猪肉进口来源区域特征及影响因素 ················· 23
2.3 猪肉进口对国内产业和市场的影响 ················· 27

第三章 中国牛肉进口演变趋势及特征

3.1 全球牛肉供需形势 ················· 29
  3.1.1 全球牛肉供给发展趋势 ················· 29
  3.1.2 全球牛肉消费发展趋势 ················· 31
  3.1.3 全球牛肉贸易发展趋势 ················· 32
3.2 中国牛肉供需形势 ················· 34
  3.2.1 中国牛肉供给发展趋势 ················· 34

  3.2.2　中国牛肉消费发展趋势 ……………………………………… 35
3.3　中国牛肉进口贸易发展趋势、特征及影响因素 ……………………… **37**
  3.3.1　牛肉进口贸易发展趋势 ……………………………………… 37
  3.3.2　牛肉进口量价波动特征及影响因素 ………………………… 41
  3.3.3　牛肉进口来源区域特征及影响因素 ………………………… 42
3.4　牛肉进口对国内产业和市场的影响 …………………………………… **43**

第四章　中国禽肉产品进出口形势及特征

4.1　全球禽肉生产及贸易形势 ……………………………………………… **44**
  4.1.1　全球禽肉生产和消费发展趋势 ……………………………… 44
  4.1.2　全球禽肉贸易发展趋势及特征 ……………………………… 46
  4.1.3　中国禽肉生产、消费及贸易形势 …………………………… 48
4.2　中国禽肉贸易发展特征和趋势 ………………………………………… **50**
  4.2.1　中国家禽产品出口贸易发展趋势及特征 …………………… 50
  4.2.2　中国家禽产品进口贸易发展趋势及特征 …………………… 54
4.3　中国禽肉产品竞争力 …………………………………………………… **56**
  4.3.1　中国禽肉产品国际竞争力比较及其影响因素 ……………… 56
  4.3.2　未来中国禽肉产品出口形势及出口市场开发潜力 ………… 58
4.4　中国禽肉产品贸易引进来、走出去案例剖析 ………………………… **59**
  4.4.1　禽肉产品进口对国内家禽产业的溢出效应 ………………… 59
  4.4.2　禽肉产品走出去受阻瓶颈及对策 …………………………… 60
  4.4.3　禽肉产品贸易走出去案例 …………………………………… 60

第五章　肉类进口与国内外市场的关系——以猪肉、牛肉为例

5.1　猪肉进口价格影响因素 ………………………………………………… **64**
  5.1.1　猪肉进口价格与国内市场的关系 …………………………… 64
  5.1.2　猪肉进口价格与国际市场的关系 …………………………… 70
5.2　猪肉进口量影响因素 …………………………………………………… **76**
  5.2.1　猪肉进口量长期影响因素分析 ……………………………… 76
  5.2.2　猪肉进口量短期影响因素分析 ……………………………… 79
5.3　国内外牛肉市场价格传导机制 ………………………………………… **84**
  5.3.1　理论分析 ……………………………………………………… 84
  5.3.2　模型构建 ……………………………………………………… 85
  5.3.3　数据来源及说明 ……………………………………………… 85

	5.3.4	实证结果分析 ·································	86
5.4	**牛肉进口量影响因素** ·································		**89**
	5.4.1	理论分析 ····································	89
	5.4.2	模型构建与数据处理 ··························	90
	5.4.3	实证结果分析 ································	91

第六章 肉类贸易商进口行为及其影响因素——以猪肉为例

6.1	**贸易商属性及进口特征分析** ··································		**96**
	6.1.1	贸易商个体属性 ······························	96
	6.1.2	进口规模及类型 ······························	98
	6.1.3	贸易商客户类型 ······························	99
	6.1.4	贸易商经营情况 ······························	100
6.2	**贸易商行为决策影响因素分析**		**101**
	6.2.1	市场预期影响因素 ····························	101
	6.2.2	进口决策影响因素 ····························	102
	6.2.3	进口相机行为调整影响因素 ················	108

第七章 主要研究结论及展望

7.1	**研究结论** ··	**110**
7.2	**对策建议** ··	**112**
7.3	**讨论与展望** ··	**114**

参考文献

第一章
中国畜产品进口波动、结构调整及贸易效应研究

在国内资源环境约束加剧和畜产品供需结构优化背景下,探究中国畜产品进口波动、结构调整及贸易效应,有助于保障国内畜产品供给安全。本章选取联合国统计署贸易数据库公布的 1995—2022 年中国畜产品进口贸易相关数据,采用修正后的恒定市场份额模型,系统分析中国畜产品进口贸易演变及驱动因素,研判中国畜产品贸易竞争的优劣势,促进中国畜牧业国内国际双循环新发展格局的形成。

1.1 中国畜产品进口贸易演变历程及特征

1.1.1 中国畜产品进口贸易发展特征

1995—2022 年中国畜产品进口贸易经历了缓慢增长、稳定增长和快速增长 3 个阶段。通过有序样品聚类分析法,中国畜产品进口贸易大体可以划分为:一是 1995—2008 年为缓慢增长阶段(图 1-1)。加入 WTO 后,畜产品贸易规模不断扩大,进口快速增长带动畜产品贸易由顺差逐渐变为逆差,2000 年开始中国成为畜产品净进口国,但进口规模和贸易逆差较小。二是 2009—2015 年为稳定增长阶段。2008 年全球金融危机冲击畜产品贸易,2009 年中国畜产品进口规模明显减少,2010 年恢复后继续增长,市场波动、资源禀赋约束、环境规制等因素导致生猪、奶业产能阶段性下降,叠加国内外畜产品价差拉大带动畜产品进口规模增长。三是 2016—2022 年为快速增长阶段。环保规制和非洲猪瘟冲击导致猪肉产量出现两次大幅下降,消费需求和国内外生产成本差距推动牛羊肉和乳制品进口快速增加,猪肉、牛肉以及羊肉等肉类产品和乳制品进口激增推动畜产品进口规模大幅增长,2021 年进口额创下历史新高。生猪产能恢复后猪肉进口下降,禽肉和羊肉、乳制品进口减少,牛肉进口继续增长,带动畜产品进口规模回落,但仍然处于较高水平。总体来看,2008 年以前,国内畜产品生产成本竞争力仍保持一定的优势,且国内消费需求有限,

畜产品进口规模较小，2008年以后，国内生产成本竞争力下降、供给波动叠加畜产品消费需求增长和结构优化升级，带动中国畜产品进口贸易规模呈现持续扩大趋势。

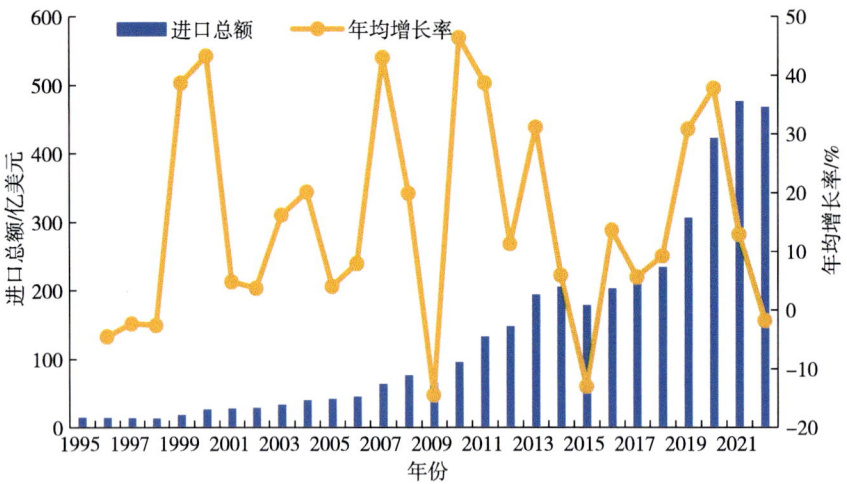

图1-1　1995—2022年中国畜产品进口总额变化情况（数据来源：UN Comtrade）

1.1.2　中国畜产品进口品种结构

畜产品进口贸易由动物皮毛制品为主转向肉类和乳制品为主。从进口品种来看，中国进口畜产品包含肉类及其制品、乳品、蛋品和蜂蜜、动物生皮毛制品、动物油脂制品、活动物以及其他动物产品（图1-2）。1995年以来，肉类及其制品、乳品、蛋品和蜂蜜和动物生皮毛制品进口额占中国畜产品进口总额的比重在85%以上，2016—2022年占比稳定在95%以上。肉类及其制品从2015年开始成为中国第一大进口畜产品，占比由1995年6.8%提升至2022年66.6%，进口额年均增长32.5%，其次是乳制品，进口额年均增长13.5%，占比由1995年4.4%提升至2022年20.4%，动物生皮毛制品占比则大幅下降，由1995年73.9%下降至2022年8.5%。

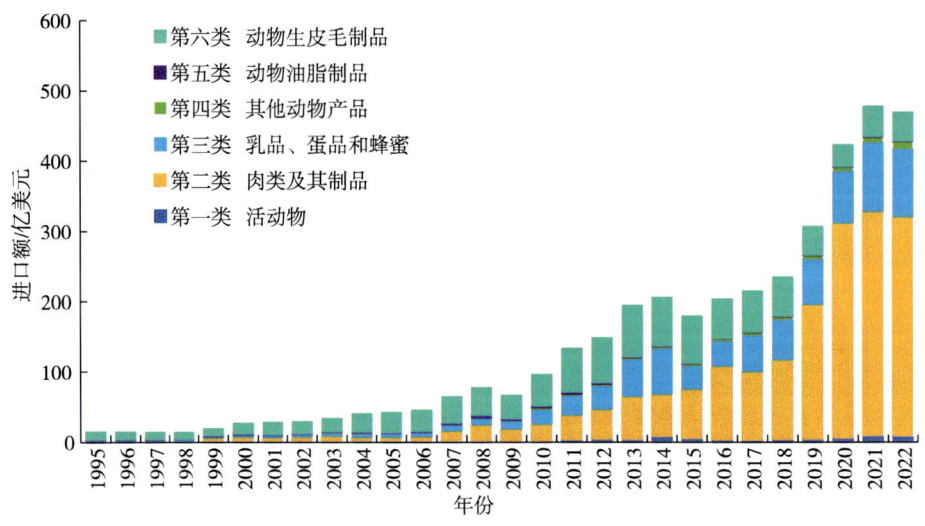

图1-2　1995—2022年中国畜产品进口品种变动情况（数据来源：UN Comtrade）

1.1.3 中国畜产品进口市场结构

"十三五"开始畜产品进口市场转换，格局优化，进口来源多元化。从进口市场结构变动来看，1995—2008 年，20 世纪 90 年代以前，畜牧业相关政策的主要目标是畜产品自给自足，90 年代后期畜牧业进入新的发展阶段，畜产品供需基本平衡，消费需求仍然处于较低水平，畜产品进口量不大，进口国家数量相对有限，主要来自大洋洲和北美洲，占比累计超过 2/3；2009—2015 年，经济高速发展和居民收入水平的快速增加带动猪肉、乳制品、牛肉等畜产品消费需求持续提高，随着 WTO 政策逐渐落实，关税税率大幅下降，叠加欧美地区畜产品生产成本优势，畜产品进口量开始稳步增长，欧洲和南美洲对华畜产品出口合计占比超过 40%，较上一阶段增长了近一倍；2016—2022 年，畜产品生产波动、畜产品生产成本持续攀升和消费需求的继续增长带动牛肉、猪肉、鸡肉和乳制品进口需求激增，南美洲凭借其生产竞争力和良好的经贸关系成为中国最主要的畜产品进口来源地区。巴西 2020 年开始成为中国第一大畜产品进口来源国，北美洲、大洋洲以及欧洲市场占比则均有所下降；受近年来中美贸易摩擦的影响，自美进口畜产品贸易规模明显下降。除上述国家外，其他国家或地区畜产品对华出口比重一直较低，基本稳定在 5% 以下（表 1-1）。

表 1-1 中国主要畜产品进口市场变化情况   单位：%

地区	国家	1995 年	2008 年	2016 年	2022 年
南美洲	巴西	0.05	0.02	9.90	21.69
	阿根廷	0.63	3.52	2.06	6.64
	乌拉圭	0.74	0.96	3.53	4.89
北美洲	美国	18.72	31.95	13.85	12.55
	加拿大	2.50	3.45	4.71	0.98
大洋洲	新西兰	15.35	9.42	15.31	18.19
	澳大利亚	32.30	28.63	16.82	12.23
欧洲	荷兰	1.53	1.45	3.13	1.89
	丹麦	1.15	4.92	5.86	2.08
	西班牙	0.09	0.43	4.49	4.13
	德国	0.70	1.15	6.81	0.92
	法国	0.68	5.88	3.25	1.86
进口累计占比		74.44	91.76	89.72	88.05

数据来源：UN Comtrade。

1.2 中国畜产品进口波动、结构调整及贸易效应

1.2.1 畜产品范围界定及数据来源

根据研究需要，本书对畜产品范围的界定借鉴《中国农产品贸易发展报告》（农业部农产品贸易办公室，2013），将畜产品按 HS1996 的界定范围分为六大类，如表 1-2 所示。

表 1-2 畜产品范围界定及对应税目情况

分类数目	分类名称	对应税目
第一类	活动物	HS01
第二类	肉类及其制品	HS02、HS1601～HS1602、HS230110
第三类	乳品、蛋品和蜂蜜	HS04
第四类	其他动物产品	HS0502～HS0504、HS0506～HS0507、HS0510、HS051110、HS051199
第五类	动物油脂制品	HS1501～HS1503、HS1505～HS1506
第六类	动物生皮毛制品	HS4101～HS4103、HS4301、HS5101～HS5103

通过分析中国畜产品主要进口来源市场，可知 2008 年以来，中国畜产品进口市场主要来自巴西、美国、阿根廷、新西兰、加拿大、荷兰、丹麦、西班牙、乌拉圭、德国、澳大利亚以及法国等国家，进口额累计占比基本维持在 90% 上下。因此，模型中引入以上 13 个国家和其他国家（地区）作为中国畜产品进口的贸易主体，利用联合国统计署贸易数据库（UN Comtrade），按照三个阶段进行具体分析。

1.2.2 畜产品进口波动、结构调整及贸易效应机理

（1）测算方法

恒定市场份额模型（CMS）最初是由国外学者提出并不断拓展和改进（TYSZYNSKI，1951；JEPMA，1986），广泛应用于国际商品贸易研究领域，特别是用于解释国际贸易中商品出口竞争力和市场贸易增长的影响研究。原基本假设为：当引力维持不变时，某地区在全球市场中的占比不受时间因素影响，可将其出口贸易波动分解成结构效应、引力效应和二阶效应等三种效应来进行分析。从现有研究来看，该模型被用于分析商品出口贸易波动的研究较多（杨莲娜，2011），用其来解释进口贸易演变的驱动因素较少，本研究通过参考国内学者（丁瑶等，2021）的方法，构建相应的 CMS 模型，探究中国畜产品进口贸易演变的驱动因素。

第一层次分解公式：

$$\Delta m = \underbrace{\sum_x \sum_y S^0_{xy} \Delta M_{xy}}_{\text{结构效应}} + \underbrace{\sum_x \sum_y M^0_{xy} \Delta S_{xy}}_{\text{引力效应}} + \underbrace{\sum_x \sum_y \Delta S_{xy} \Delta M_{xy}}_{\text{二阶效应}} \quad （1-1）$$

第二层次分解公式：

$$\Delta m = \underbrace{S^0 \Delta M}_{\text{增长效应}} + \underbrace{\left[\sum_x \sum_y S^0_{xy} \Delta M_{xy} - \sum_x S^0_x \Delta M_x\right]}_{\text{市场效应}} + \left[\sum_x \sum_y S^0_{xy} \Delta M_{xy} - \sum_y S^0_y \Delta M_y\right]$$

$$+ \left\{\underbrace{\left[\sum_x S^0_x \Delta M_x - S^0 \Delta M\right]}_{\text{商品效应}} - \underbrace{\left[\sum_x \sum_y S^0_{xy} \Delta M_{xy} - \sum_y S^0_y \Delta M_y\right]}_{\text{结构交互效应}}\right\} + \underbrace{\Delta S M^0}_{\text{整体引力效应}}$$

$$+ \underbrace{\left[\sum_x \sum_y M^0_{xy} \Delta S_{xy} - \Delta S M^0\right]}_{\text{具体引力效应}} + \underbrace{\left(\frac{M^1}{M^0} - 1\right) \sum_x \sum_y M^0_{xy} \Delta S_{xy}}_{\text{纯二阶效应}}$$

$$+ \underbrace{\left[\sum_x \sum_y \Delta S_{xy} \Delta M_{xy} - \left(\frac{M^1}{M^0} - 1\right) \sum_x \sum_y M^0_{xy} \Delta S_{xy}\right]}_{\text{动态二阶效应}} \quad （1-2）$$

其中，x、y 分别代表中国畜产品进口品种和进口来源市场，上标 0、1 分别代表划分阶段中的期初年份和期末年份；Δ 代表期末年份绝对额相较于期初年份的变化值；m 代表中国畜产品进口总额；S 代表中国畜产品进口额在全球畜产品进口总额中的占比；S_x 代表中国进口的第 x 类畜产品占全球第 x 类畜产品进口总额的份额；S_y 代表中国进口 y 国的畜产品在 y 国畜产品出口总额中的占比；S_{xy} 代表中国进口 y 国的第 x 类畜产品占 y 国第 x 类畜产品出口总额的比重；M 代表全球畜产品进口总额；M_x 代表第 x 类畜产品的全球进口总额；M_y 代表向 y 国向全球出口的畜产品总额；M_{xy} 代表全球从 y 国进口的第 x 类畜产品总额。构建的 CMS 模型效应含义的具体解释如表 1-3 所示。

表 1-3 中国畜产品进口 CMS 模型分解效应含义

分解效应	含义解释
1.结构效应	由于全球畜产品出口规模和出口结构变化而引起中国畜产品进口额的变化
增长效应	由于全球畜产品总供给增加而增长的部分。正值代表全球畜产品供给增加带动中国畜产品进口的增长，负值则相反
市场效应	由于进口市场结构的变化而引起中国畜产品进口额的变化。正值代表中国畜产品进口集中在全球畜产品出口快速增长的市场，负值则相反

续表

分解效应	含义解释
商品效应	由于进口品种结构的变化而引起中国畜产品进口额的变化。正值代表中国畜产品进口集中在全球出口快速增长的畜产品品种，负值则反
结构交互效应	由于商品效应与市场效应产生的交互作用而导致中国畜产品进口额的变化
2.引力效应	由于中国畜产品进口引力的变化而导致中国畜产品进口额的变化。其中，引力反映的是中国畜产品消费市场对其他国家的出口引力
整体引力效应	由于中国对全球畜产品整体出口市场的引力变化而引起中国畜产品进口额的变化。数值大小表示中国畜产品整体引力的大小
具体引力效应	由于中国对全球具体出口畜产品市场和出口畜产品品种的引力变化而引起中国畜产品进口额的变化
3.二阶效应	由于中国畜产品进口引力与全球畜产品出口规模和出口结构变动产生的交互作用而引起中国畜产品进口额的变化
纯二阶效应	由于中国畜产品进口引力与全球畜产品出口规模产生的交互作用而引起中国畜产品进口额的变化。正值代表中国畜产品进口引力与全球畜产品出口规模的变化趋势一致，负值则反
动态二阶效应	由于中国畜产品进口结构与全球畜产品出口结构产生的交互作用而引起中国畜产品进口额的变化。正值代表中国畜产品在全球出口增速较快的市场上进口占比增长较快，负值则相反

（2）整体效应分析

总体来看，二阶效应、引力效应带动 1995—2022 年中国畜产品进口总体呈现增长趋势，2008 年开始增速加快。通过对第一层次的分解因素进行分析，可知二阶效应对中国畜产品进口演变起到主要驱动作用，畜产品进口引力、出口市场和出口结构的共同作用促进中国畜产品进口贸易规模扩大。20 世纪 90 年代开始中国 GDP 高速增长，2007 年人均 GDP 超过 2 万元，经济规模和人口规模带动畜产品消费能力和消费需求量持续增长，叠加资源禀赋要素、蓝耳病等疫病、三聚氰胺事件等导致供给增长空间受限、供给波动和畜产品成本上涨，畜产品尤其是猪肉、乳制品和牛肉 2008 年开始进口需求增长，带动畜产品进口由家禽产品为主向猪肉产品、乳品和牛肉产品为主转变。引力效应是中国畜产品进口增长的第二大因素，90 年代欧美国家畜牧业进入后现代发展阶段，技术进步、规模效益以及饲料原料产量增长带动北美、欧洲、南美等地区主要畜产品生产国产能不断增长，畜产品供给能力大幅提升，开始向国际市场出口，2008 年猪肉和乳制品进口大幅增长显示了中国巨大的消费市场潜力，带动主要畜产品出口国加大力度开拓中国市场、提升畜产品附加值，出口增长又带动欧美国家畜产品供给量增加和生产成本竞争力提升，推动国际市场贸易量不断提升。结构效应贡献率相对较小，说明中国畜产品进口主要受国内市场影响。

在第二层次的分解因素中，纯二阶效应和整体引力效应是引起中国畜产品进口贸易快速增长的主要因素，而动态二阶效应、商品效应和具体引力效应则对中国畜产品进口起到抑制作用。具体来看，整体引力效应贡献率为 30.89%，具体引力效应贡献率则

为 −3.24%，说明受进口市场多元化影响，单个畜产品出口市场以及品种引力下降对中国畜产品贸易影响较小，其他出口市场将很快填补其份额。2016年以来，中国先后成为猪肉、牛羊肉、禽肉和乳制品最大进口市场，对世界畜产品整体出口市场引力效应不断增加，中国畜产品进口额占全球畜产品进口总额的比重由1995年的1.48%提升至2022年的15.81%。纯二阶效应的高贡献率表明中国畜产品进口引力是影响世界畜产品出口规模变化的重要因素。同时，畜产品进口波动与其他因素也存在密切联系。其中，动态二阶效应和商品效应贡献率均为负值，反映过去近30年中国畜产品进口需求结构不断优化调整，同时主要畜产品出口国的出口市场也基于国际市场变动不断调整，特别是在中国畜产品进口需求发生变动时，积极开拓其他具有潜力的出口市场（表1-4），例如美国猪肉出口市场开始转向墨西哥、越南、菲律宾等国家。

表1-4 中国畜产品进口贸易演变的因素分解结果 单位：亿美元

指标	1995—2022年		按阶段划分					
			1995—2008年		2009—2015年		2016—2022年	
	绝对额	贡献率	绝对额	贡献率	绝对额	贡献率	绝对额	贡献率
Δm	453.77	100%	62.06	100%	113.20	100%	265.29	100%
1. 结构效应	7.69	1.69%	4.96	7.99%	35.36	31.24%	61.56	23.21%
增长效应	29.43	6.49%	17.74	28.58%	19.66	17.37%	46.05	17.36%
市场效应	1.53	0.34%	−0.14	−0.23%	−0.25	−0.22%	21.02	7.92%
商品效应	−26.78	−5.90%	−11.20	−18.05%	2.69	2.38%	−28.69	−10.81%
结构交互效应	3.50	0.77%	−1.44	−2.31%	13.25	11.71%	23.19	8.74%
2. 引力效应	125.45	27.65%	42.90	69.13%	59.42	52.49%	126.40	47.65%
整体引力效应	140.17	30.89%	19.95	32.14%	71.93	63.54%	178.71	67.36%
具体引力效应	−14.72	−3.24%	22.96	36.99%	−12.51	−11.06%	−52.31	−19.72%
3. 二阶效应	320.63	70.66%	14.20	22.88%	18.42	16.27%	77.34	29.15%
纯二阶效应	650.02	143.25%	52.43	84.47%	17.84	15.76%	28.67	10.81%
动态二阶效应	−329.39	−72.59%	−38.23	−61.60%	0.57	0.51%	48.67	18.35%

（3）进口贸易演变的驱动因素分析

通过分析CMS模型的具体分解结果，中国畜产品进口贸易演变的驱动因素可以大致归纳为国内宏观经济因素、世界经济环境因素以及进口结构因素。

国内宏观经济不断发展促使中国畜产品进口规模保持增长态势。通过分析引力效应的数值大小可直观表示国内畜产品进口引力对畜产品进口贸易演变的影响程度。总体来看，引力效应贡献率逐渐下降，但仍维持在较高水平。从其细分因素来看，整体引力效应贡献率起到显著的正向效应，并呈现逐渐增长趋势，这说明国内畜产品消费市场对世界畜产品整体出口市场的引力越来越大。主要有两方面的原因：一是经济快速发展和人口规模推动中国畜产品消费市场规模大幅增长。中国人口由1995年的12.11亿人增加到2021年的14.13亿人,1995年中国人均肉类和奶类消费量仅相当于中国台湾地区同期的45.4%和12.3%、日本同期的77.9%和7.7%,增长空间巨大。中国人均GDP在1995年为0.509万元,2003年突破1万元,达到1.067万元,2007年突破2万元,达到2.049万元,2016年升至5万元以上,2023年为8.963万元,年均增17.3%。居民收入和生活水平持续提升,带动畜产品在饮食结构中的比重快速提升,肉类产品消费量年均增速达到3.3%,奶类产品年均消费量增速更是达到26.9%;二是入世后中国为世界提供巨大的畜产品消费市场,巨大消费需求潜力进一步扩大出口空间。自从2001年中国加入世界贸易组织(WTO)以来,中国按照"入世"承诺逐步降低关税税率,截至2010年,中国已经全部履行完毕货物贸易降税承诺,关税总水平由2001年的15.3%降至9.8%。2006年中央经济工作会议第一次明确提出"积极扩大进口"。随着进口税收政策的完善、促进进口的金融支持的加大、进口促进体系的建立和完善以及一系列自由贸易协定的签订,畜产品进口规模逐渐扩大。例如,2002年中国与东盟签订首个自由贸易协定,2008年与新西兰签订中国与发达国家间首个自由贸易协定,创造效应带动新西兰成为当时中国最重要的畜产品进口来源。2012年党的十八大报告明确指出,"适应经济全球化新形势,必须实行更加积极主动的开放战略"和"坚持出口和进口并重"。2016—2022年,畜产品进口规模快速增长,2022年相较于2016年增长130.7%,整体引力效应贡献率高达67.36%。

世界畜产品市场总供给的变化对中国畜产品进口增长的影响作用逐渐减弱,而中国畜产品进口规模扩大带动世界畜产品进口市场规模的增长。通过分析增长效应的数值变化情况可较为直观地表示世界经济环境因素对中国畜产品进口贸易演变的影响程度。第一个时期,增长效应贡献率为28.58%,该阶段畜牧业发达国家由于供给能力水平持续提升,畜产品贸易转变为净出口,为中国畜产品进口增加提供了基础。第二个时期,增长效应的影响则明显减弱,这是由于在此期间,受全球金融危机冲击,世界经济增速放缓,但中国畜产品进口增长总体较为稳定。第三个时期,增长效应基本维持同等水平,说明世界畜产品供给和出口需求趋向稳定,主要是整体引力效应在发挥主要作用,反映该阶段中国畜产品进口保持稳步增长以及进口结构优化调整。从三个时期来看,纯二阶效应呈现逐渐下降趋势,说明在1995—2022年中国畜产品进口引力与全球畜产品出口规模的变化方向基本一致,但强度明显下降,这主要是由于在贸易初期,中国畜产品进口需求增加,叠加主要畜产品出口市场供给增加,共同带动中国畜产品进口规模增长,但随着全球畜产品出口规模达到高峰后,促使纯二阶效应贡献率明显下降,而动态二阶效应则呈现快速增长趋势,表明中国畜产品的引力在世界畜产品出口增长较快的市场上进口份额增速加快,例如巴西,中国已成为巴西猪肉、鸡肉、牛肉最大出口市场,带动巴西畜产品产能持续增长。

从进口结构因素来看,通过分析市场效应和商品效应的数值变化情况可直观表示畜产品进口来源市场和品种结构的变化对畜产品进口贸易演变的影响程度。具体来看,市场效应和商品效应在第一个时期中均起到负向作用，说明中国畜产品进口集中在非可食用畜产品市场，结构交互效应负贡献率则进一步验证了由于商品效应与市场效应产生的交互作用影响此期间中国畜产品进口规模的增长，该阶段中国畜产品自给自足的特征明显。第二个时期商品效应由负值转为正值，说明中国畜产品进口开始转向数量需求持续增长的可食用畜产品品种，而在第三个时期市场效应对中国畜产品进口贡献率快速提升至7.92%，商品效应则大幅下降至10.81%，说明中国畜产品进口量和进口品种需求带动进口市场结构转变，由北美洲和大洋洲地区转向南美洲等出口增速较快的进口来源市场，进口品种则转向集中在肉制品和乳制品等世界总体增速放缓的品种。第二、第三个时期，国内畜产品成本竞争力下降、进口需求结构变化和国内供给波动带动第二类畜产品进口额的占比由2009年的26.65%增至2022年的66.57%，成为中国第一大类进口畜产品。第六类畜产品主要来源地是欧洲地区，但受近年欧洲动物福利政策和国内对动物毛皮制品管控禁令的叠加影响，进口占比大幅下降，2022年占比较2009年下降40.49个百分点。第三类畜产品进口额占比由2009年的15.98%增至2022年的20.39%，成为中国第二大类进口畜产品，其中乳制品进口来源市场主要是澳大利亚和新西兰，在畜产品进口占比中，第二类和第三类畜产品占比分别长期维持在50%、30%左右。

第二章
中国猪肉进口演变趋势及特征

本章主要从中国猪肉供需形势、进口总体趋势、进口依存度、进口品种结构、贸易政策演变、进口量价变动影响机制、来源市场变动机制以及对国内产业和市场的影响等方面系统分析中国猪肉进口贸易演变趋势、特征及影响。

2.1 猪肉供需形势

2.1.1 猪肉供给发展趋势

"十二五"以来，猪肉生产经历环境规制和非洲猪瘟冲击后进入稳定阶段。如图2-1和图2-2所示，改革开放以来，中国生猪出栏量与猪肉产量变化趋势可大致分为三个阶段：第一阶段为1978—2014年，猪肉产量高速增长。国民经济快速发展、养殖技术持续改进、生猪产业扶持政策和猪肉消费需求稳定增长，驱动生猪产能持续增长。生猪出栏量由16109.5万头增至74951.5万头，猪肉产量由813.5万吨增至5820.8万吨，年均增速分别为4.5%和5.8%，2014年生猪出栏量和猪肉产量均创历史新高；第二阶段为2015—2020年，猪肉产量出现两轮大幅下降。受环保规制、仔猪流行性腹泻以及猪价波动等因素影响，2015年生猪出栏量和猪肉产量出现第一波下降。2018年上半年猪价大幅下跌，生猪产能持续调减，8月暴发非洲猪瘟后加剧产能下滑速度和幅度，大量病死猪被扑杀，能繁母猪产能持续下降至2019年三季度。2020年生猪出栏量和猪肉产量分别下降至52704.1万头和4113.3万吨，较2015年分别下降27.2%、27.1%，年均降速分别为5.4%、5.3%；第三阶段为2021—2023年，生猪产能快速恢复后产能达到历史次高水平。2019年9月6日国务院办公厅出台《关于稳定生猪生产促进转型升级的意见》，2019年12月4日，农业农村部印发了《加快生猪生产恢复发展三年行动方案》，生猪养殖行业受到多项扶持政策的推动，同时养殖收益也达到了历史新高的水平，共同促使2021年二季度生猪产能基本恢复。2023年生猪出栏量和猪肉产量分别为72662万头、5794万吨，同比分别增长3.8%、4.6%，接近2014年的历史最高水平。

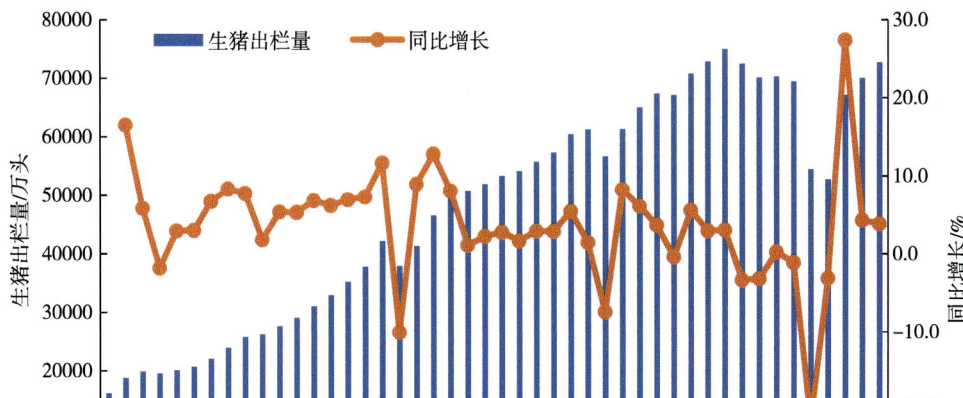

图2-1　1978—2023年中国生猪出栏量及年增长率变化情况（数据来源：国家统计局）

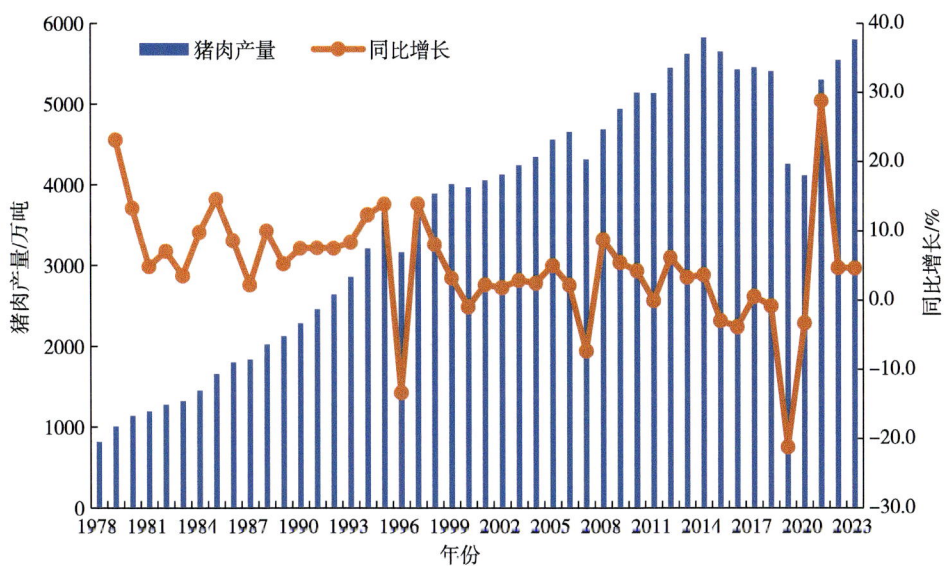

图2-2　1978—2023年中国猪肉产量及年增长率变化情况（数据来源：国家统计局）

猪肉在肉类产量中占比呈现波动下降趋势。如图2-3所示，随着禽肉和牛羊肉产量增长，尽管猪肉产量总体增加，但猪肉占肉类产量比重总体呈现波动下降的趋势。1978—1984年猪肉占肉类比重保持在90%以上水平，1985年以来，猪肉占肉类比重持续下降，1996年降至70%以下，受非洲猪瘟疫情影响，2019年降至60%以下水平，2020年降至53.1%，创下历史最低水平。2021年开始生猪产能恢复，猪肉占比2023年回升至57.9%。

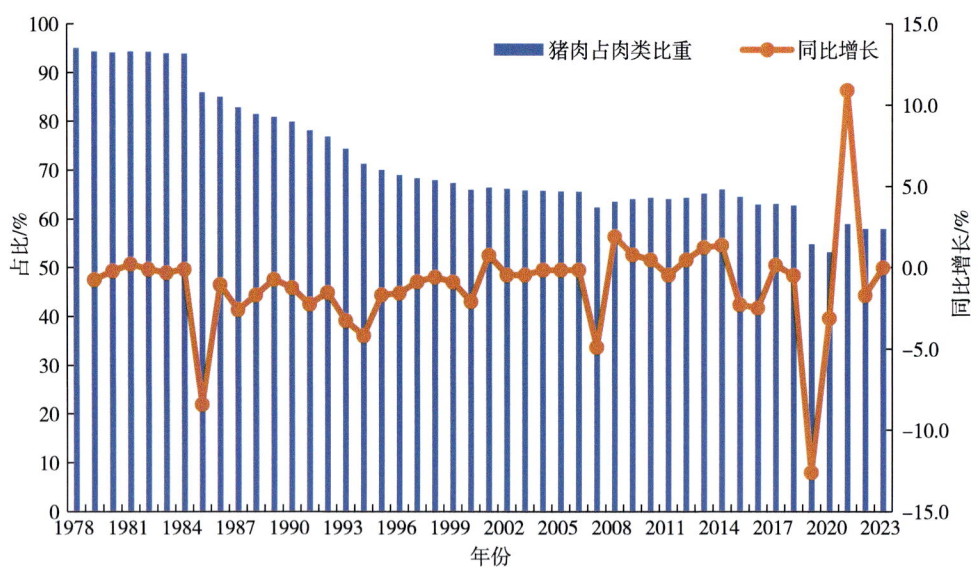

图 2-3　1978—2023 年中国猪肉占肉类产量比重变化情况（数据来源：国家统计局）

2.1.2　猪肉消费发展趋势

猪肉表观消费量呈现先增后降再恢复趋势，2023 年创历史新高。如图 2-4 所示，1995 年以来中国猪肉表观消费量经历了四个阶段的变化。第一阶段为 1995—2006 年，猪肉表观消费量整体呈现增长趋势，从 1996 年的 3633 万吨增长到 2006 年的 4626 万吨，年均增速为 2.4%，该阶段猪肉自给自足，猪肉是主要出口创汇畜产品之一；第二阶段为 2007—2014 年，消费增速加快。猪肉表观消费量从 2007 年的 4303 万吨增至 2014 年的 5868 万吨，年均增速为 4.0%，消费量达到历史第二高位。该阶段主要是猪肉产量增长带动猪肉消费量增加，但出现两轮产能波动，猪肉贸易开始净进口，但进口量不大；第三个阶段为 2015—2019 年，消费量波动下降。环境规制和非洲猪瘟疫情导致国内猪肉供给量大幅下降，猪肉表观消费量从 2015 年的 5716 万吨降至 2019 年的 4463 万吨。此外，禽肉和牛羊肉产量和供给量快速增长，替代了一部分的猪肉消费。此阶段，我国成为全球最大猪肉进口国；第四阶段为 2020—2023 年，消费量创历史新高。猪肉表观消费量从 4551 万吨增长至 5946 万吨，高于 2014 年的水平。2021 年生猪产能恢复后，2023 年国内猪肉产量接近历史高位水平，猪肉进口仍然高于 2014 年的进口水平。

猪肉占肉类表观消费量比重持续下降，2019 年开始降至 60% 以内。随着中国居民生活水平的提高和营养均衡观念改善，饮食结构不断优化，禽肉、牛肉及羊肉等肉类产量和消费量不断增加，如图 2-5 所示，猪肉占肉类总消费量比重总体呈现下降趋势，从 1995 年的 69.3% 下降至 2023 年的 57.9%。具体来看，1995—2018 年，猪肉占比一直高于 60%，受非洲猪瘟影响，2019 年明显下降，2020 年降至 53.3%，是自 1995 年以来的最低位，2021—2023 年猪肉占比有所恢复。即使遭受非洲猪瘟和新冠疫情双重冲击，猪肉消费占比仍过半，说明国内以猪肉为主的肉类消费格局基本不变。因此，在未来相当长的一段时间内，猪肉仍将是中国第一大消费肉类。但是，未来猪肉表观消费量继续增长可能性较小，而禽肉和牛羊肉消费量将继续增长，猪肉占肉类总体表观消费量的比重可能为55%～60%。

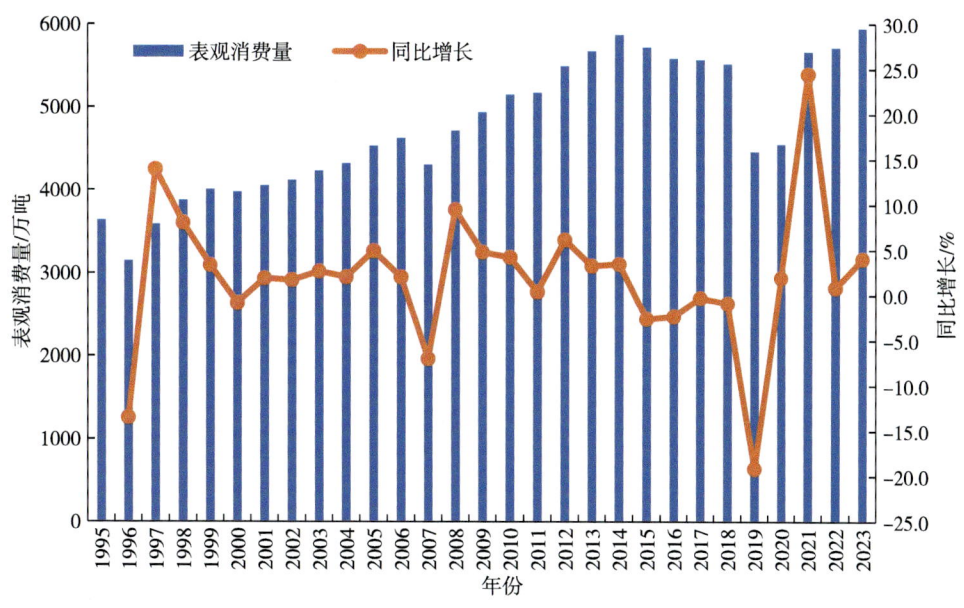

图2-4　1995—2023年中国猪肉表观消费量变化趋势

（数据来源：国家统计局、中国海关总署）

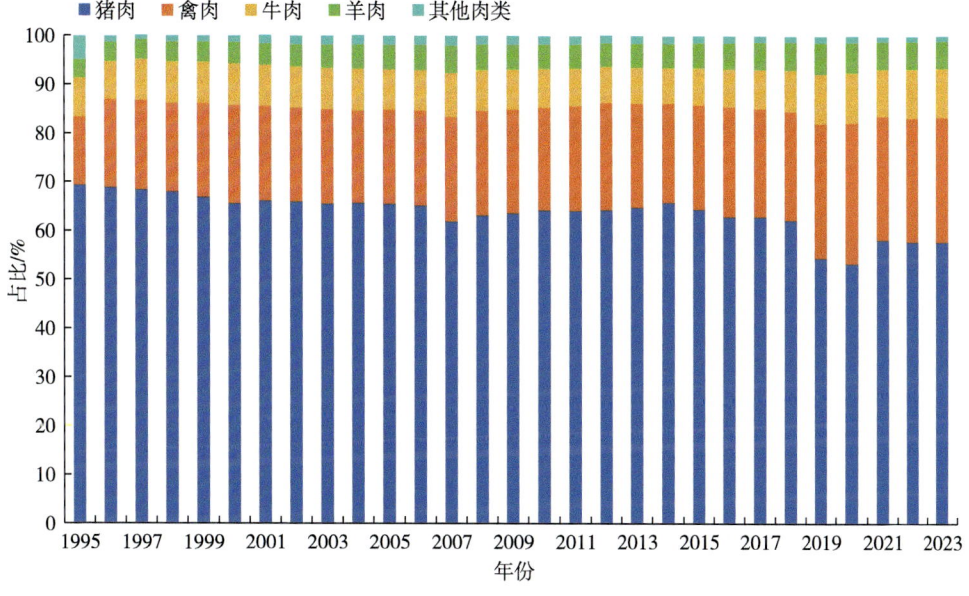

图2-5　1995—2023年中国肉类消费结构变化情况

（数据来源：国家统计局、中国海关总署）

中国猪肉人均表观消费量与猪肉消费总量变化趋势基本一致。如图2-6所示，按国家统计局公布的全国人口数量折算，1995年中国猪肉人均表观消费量为30.00千克/年，

· 13 ·

随着国内生猪产能提升带动猪肉产量持续增加，2012年为40.38千克/年，首次超过40千克/年，2014年达到42.63千克/年，创下历史新高，较1995年大幅增长42.1%。2015年以后，受两次猪肉产量大幅波动影响，人均猪肉表观消费量有所下降，其中2018年国内暴发非洲猪瘟疫情，2019年大幅降至31.65千克/年，较2014年相比下降25.7%，为2001年以来的新低。随着国内生猪产能逐渐恢复至常态水平，猪肉人均表观消费量逐渐恢复至40千克/年以上水平，2023年为42.18千克/年，较2019年增长33.3%。

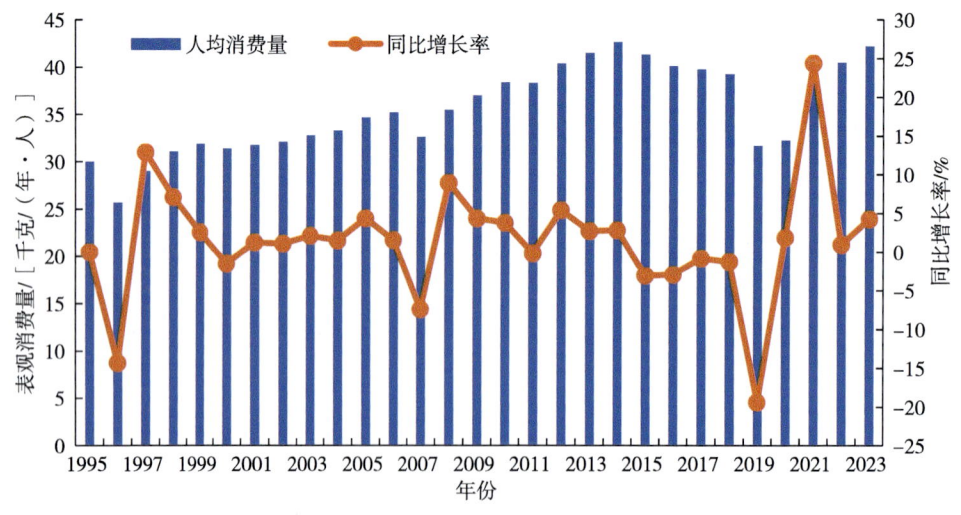

图2-6　1995—2023年中国猪肉人均表观消费量变化趋势

（数据来源：国家统计局、中国海关总署）

2.2　猪肉进口贸易发展趋势、特征及影响因素

2.2.1　猪肉进口贸易发展趋势

（1）猪肉进口贸易总体趋势

2008年中国成为猪肉净进口国，"十三五"进口量激增，"十四五"逐渐回落。进口的猪肉产品包括鲜冷冻猪肉（以下简称"猪肉"）、猪杂碎及加工猪肉等，其中猪肉和猪杂碎进口量较大。2007年以来猪价波动、成本竞争力差距和猪肉产品消费结构互补性带动猪肉产品进口规模持续增大。2007年以来各轮猪周期猪肉进口量屡创新高，2021年开始高位回落，逐渐降至接近非洲猪瘟之前的进口量水平；2016年以前的大部分年份猪杂碎进口量高于猪肉，但此后中国对猪杂碎的需求量进入稳定期，猪杂碎进口量有所下降，但年均进口量仍在120万吨左右，处于高位水平。

根据国际贸易分工理论，资源禀赋和生产成本差异、猪肉产品需求结构互补、国内供给波动等因素导致中国猪肉进口贸易既存在刚性增长的需求，也存在较高的弹性。从中国猪肉进口变化趋势来看，猪肉进口呈现每轮上涨周期创新高、下跌周期回落的特征，当前已回落到接近非洲猪瘟前的水平。猪肉进口既存在一定的周期性刚性增长趋势，也具有较高的年际间弹性。从图2-7中可以看出，猪肉进口量大体经历了四个阶段的变化：第一阶段为1995—2007年，猪肉净出口。猪肉进口量从极低的0.1万吨增长到8.6万吨，总体呈现净出口但净出口量下降的特征，国内猪肉市场处于一个相对自给自足的状态，猪肉进口需求较小，这一时期的温和增长与国内产能和消费需求的平稳协同增长有关；第二阶段为2008—2015年，猪肉贸易开始持续净进口，但净进口量不大。进口量从37.3万吨跃升至77.8万吨，进口增长是由于2008年开始我国生猪生产成本超过欧美发达国家并持续扩大，叠加国内猪肉产量两次较大波动，2008年和2011年国内猪肉价格大幅上涨，市场供应短缺促使进口量激增，同时中国猪肉市场的巨大潜力也带动主要猪肉出口国开始开拓中国市场；第三阶段为2016—2020年，进口爆炸性增长带动中国成为全球最大猪肉进口国。猪肉进口量从162.0万吨猛增至439.1万吨，进口量激增主要是由于环境规制和非洲猪瘟疫情造成的国内供应短缺，同时国外主要出口市场加大对中国猪肉市场开拓；第四阶段为2021—2023年，猪肉进口稳步回落。2023年猪肉进口量回落至155.1万吨，反映出国内生产能力的恢复和市场需求的适应性调整。总体而言，生猪产业对国民经济具有重要影响，中国生猪产业政策立足国内供给，猪肉进口主要用于平抑部分时间国内市场价格波动和调剂供给余缺。尽管由于国内外资源禀赋差异，国内外生猪生产成本差距或将长期存在，但随着养殖技术效率的提升，国内外生产成本差距将保持在一定范围，同时生猪产业抗疫病风险和市场风险的韧性提升，生猪供给稳定性将会明显提升，未来猪肉进口需求或将在100万～150万吨内窄幅波动。

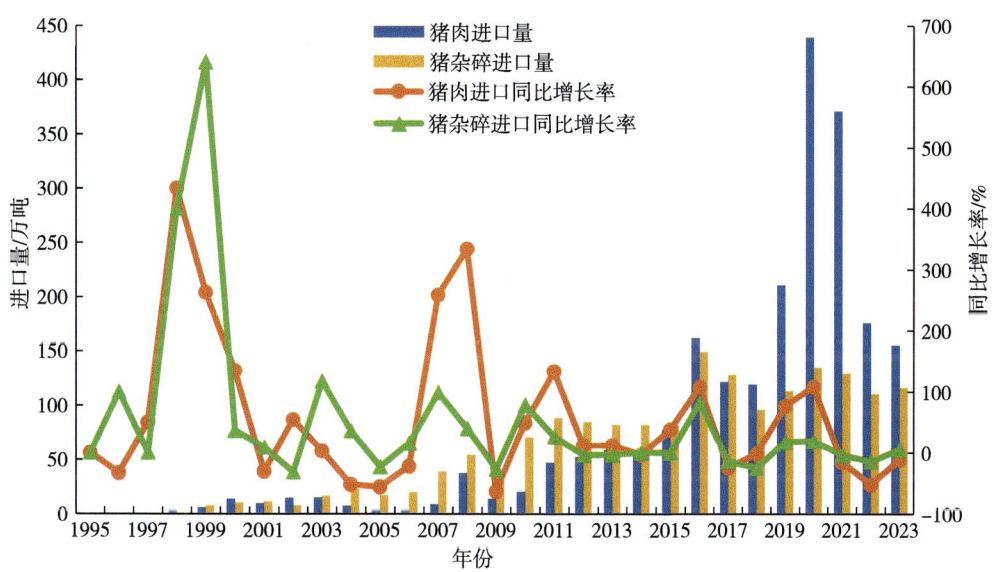

图2-7 1995—2023年中国猪肉和猪杂碎进口量与增长率变化情况（数据来源：中国海关总署）

注：2019—2023年鲜冷冻猪肉包括0209肥猪肉，猪杂碎包括猪肠衣。

（2）猪肉对外依存度分析

目前，在国际贸易研究中主要采用进口集中度指数、对外依存度等方式来分析进口市场集中度，本研究根据已有的数据和实际情况，参照国内学者的研究方法（王维方等，2011），对猪肉对外依存度进行测算。猪肉对外依存度是指猪肉净进口的数量除以国内猪肉表观消费量，其中国内猪肉表观消费量是指国内猪肉产量和猪肉净进口数量之和，对外依存度是反映一个国家猪肉贸易安全状况的重要评价指标。计算公式为：

$$Y = \frac{Q_i - Q_e}{Q_c} \qquad (2-1)$$

式（2-1）中：Y 为猪肉对外依存度；Q_i 为当期猪肉进口量；Q_e 为当期猪肉出口量；Q_c 为当期国内猪肉表观消费量。

中国猪肉对外依存度绝大多数年份不足 5%，猪肉供给相对安全。通过计算结果可知，1995—2023 年猪肉对外依存度大体可分为四个阶段：第一阶段为 1995—2007 年，猪肉贸易呈现净出口状态，进口猪肉对国内市场没有影响；第二阶段为 2008—2015 年，对外依存度保持在 1.5% 以内，依存度很小且相对稳定，这与当时国内猪肉价格的上涨和市场供需缺口有关，虽然进口量增加，但缺口不大；第三阶段为 2016—2020 年，两次国内猪肉供应波动以及国内外猪肉价差拉大，对外依存度从 2.8% 增长到 9.6%，2020 年对外依存度达到历史最高点；第四阶段为 2021—2023 年，随着国内生猪产能恢复和产能供给保障能力的提升，猪肉对外依存度明显下降，从 6.5% 下降至 2.6%，猪肉对外依存度恢复到常态年份水平。农业农村部于 2021 年制定并印发的《"十四五"全国畜牧兽医行业发展规划》提出，中国猪肉自给率要保持在 95% 左右，即进口依存度控制在 5% 以下时，供给较为安全。从图 2-8 来看，除 2020 年和 2021 年外，其他年份猪肉对外依存度

图 2-8　1995—2023 年中国猪肉对外依存度变化情况（数据来源：国家统计局、中国海关总署）

均低于5%，目前中国猪肉外部供给处于一个相对安全的水平，同时，近年来颁布的中央一号文件均提及要将猪肉保供作为一个重要的方针，保障猪肉绝对自给，因此可适度进口猪肉作为补充。总体来看，中国猪肉市场立足国内供给、进口调减余缺的特征明显，在保持国家生猪产能稳定和做好重大动物疫病有效防控的前提下，进口猪肉主要作用是调节和补充国内猪肉消费需求结构。

（3）猪肉进口品种结构分析

猪肉进口产品以冷冻肉为主，纯肉类进口受国内市场影响更大。根据海关统计月报公布的进口主要商品目录，按照其统计口径可知猪肉进口产品主要有三大品类（表2-1）：首先是0203品目鲜、冷带骨猪前腿、猪后腿及其肉块，其他鲜、冷猪肉全系列；其次是0209品目中未加工的不带瘦肉的肥猪肉，鲜冷冻或盐腌的猪肉等；最后是0210品目中干、熏、盐腌或盐渍带骨猪腿、其他干、熏、盐腌或盐渍猪肉等。其中，02032900其他冻猪肉进口数量最多，2020年以来占比均超过65%，2023年进口占比高于75%。国内猪价波动直接影响中国进口猪肉品种结构和进口量。在国内猪价相对较高时，国内外猪肉价差拉大，进口纯肉类产品（号肉类、段体类）盈利空间更大，在此时期猪肉进口产品以号肉类、段体类等纯肉类为主；在国内猪价相对较低时，国内外价差缩小，进口纯肉类产品价格优势减弱，猪肉进口品种则以带骨类为主，主要由于带骨猪肉消费进口需求具有刚性，主要用于餐饮加工领域，并且带骨猪肉价格相较于纯肉类会更低，增值空间较大。随着温控技术的发展和运输速度的提升，进口猪肉中也含有部分冰鲜猪肉（冰鲜猪肉需先经过食品加工厂进行深加工和标准化处理后，形成肉制品后再进入到中国的零售市场），但进口量相对较少、价格偏高。贸易商更偏好进口后可以细分割猪肉品种，生产肋排、五花肉等细分产品，溢价空间更大。此外，中国每年进口百万吨以上的猪肉副产品量，例如猪头、猪耳、猪骨、猪皮和内脏等（图2-9），主要用于餐饮加工，猪副产品进口量和价格与猪肉存在一定差异性。

表2-1 中国猪肉进口品种明细

分类	编码	商品名称
鲜、冷、冻猪肉	02031190	其他鲜、冷整头及半头猪肉
	02031200	鲜、冷带骨猪前腿、猪后腿及其肉块
	02031900	其他鲜、冷猪肉
	02032110	冻整头及半头乳猪肉
	02032190	其他冻整头及半头猪肉
	02032200	冻带骨猪前腿、猪后腿及其肉块
	02032900	其他冻猪肉
肥猪肉	02091000	未炼制或用其他方法提取的不带瘦肉的肥猪肉、猪脂肪，鲜、冷、冻、干、熏、盐腌或盐渍的猪肉

续表

分类	编码	商品名称
烟熏猪肉	02101110	干、熏、盐腌或盐渍带骨猪腿
	02101190	干、熏、盐腌或盐渍带骨猪肉块
	02101200	干、熏、盐腌或盐渍猪腹肉（五花肉）
	02101900	其他干、熏、盐腌或盐渍猪肉

数据来源：根据中国海关总署统计月报公布的进口主要商品目录整理，按照《商品名称及编码协调制度》（简称"HS"）对猪肉产品进行归类，并以 2017 年修订后的 HS 编码界定为准。

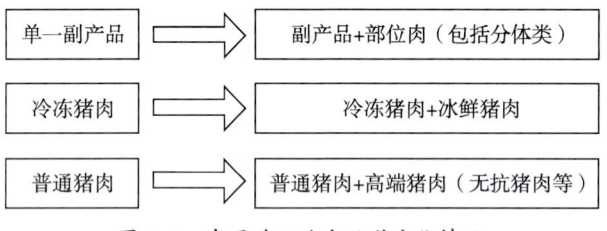

图 2-9 中国进口猪肉品种变化情况

（4）猪肉进口贸易政策演变

加入 WTO 以来中国猪肉进口关税下降，供给偏紧年份主要进口猪肉品种实施临时进口关税。进口关税是衡量各国贸易市场准入制度的核心指标。中国猪肉进口关税是以进口价格为基础的从价税，其税率随着中国加入 WTO 和对外贸易的发展而不断调整，目前保持相对稳定。由表 2-2 统计的数据显示，1996 年中国猪肉关税普遍偏高，其中活猪关税为 12%，而其他猪肉产品关税均超过 45%。为了适应 WTO 规则，中国在 1997—2001 年对猪肉关税进行了大幅度下调，逐步与国际标准接轨。进入 21 世纪后，部分猪肉产品的关税进一步下调。自 2004 年起，中国猪肉关税保持相对稳定，最惠国税率维持在 12%～25%，期间未进行大调整。然而，在面临供给短缺等特殊情况时，中国政府会采取临时性关税调整措施。例如，2008 年为应对国内猪价急剧上涨，中国将关税税率临时性下调至 6%。同样，在非洲猪瘟疫情暴发后，为了缓解国内猪肉供应紧张，中国海关总署自 2020 年起对主要进口猪肉产品实施临时进口关税，由 12% 临时性下调为 8%；从 2022 年起，随着国内生猪产能逐渐恢复，猪肉进口需求明显下降，进口关税恢复至 12%。猪肉关税调整也会受经贸关系影响，例如 2018 年以来中美两国发生贸易争端，中国政府多次对自美进口生猪产品上调关税，在 2019 年将部分产品关税一度上调至 80%，导致自美进口猪肉产品急剧下降，至今对美加征 25% 的关税依然存在。

表2-2 1996—2023年中国猪肉产品进口关税（最惠国关税）变动情况 单位：%

年份	猪肉产品类型						
	活猪	鲜冷猪肉	冷冻猪肉	猪杂碎	其他猪杂	烟熏猪肉	猪肉制品
1996	12.0	45.0	45.0	45.0	45.0	55.0	45.0
1997	10.0	20.0	20.0	20.0	20.0	30.0	25.0
2001	10.0	20.0	19.0	20.0	20.0	29.0	23.0
2002	10.0	20.0	15.2	20.0	15.2	27.0	19.0
2003	10.0	20.0	13.6	20.0	13.6	26.0	17.0
2004	10.0	20.0	12.0	20.0	12.0	25.0	15.0
2005	10.0	20.0	12.0	20.0	12.0	25.0	15.0
2006	10.0	20.0	12.0	20.0	12.0	25.0	15.0
2007	10.0	20.0	12.0	20.0	12.0	25.0	15.0
2008	10.0	20.0	6.0	20.0	12.0	25.0	15.0
2009	10.0	20.0	12.0	20.0	12.0	25.0	15.0
2010	10.0	20.0	12.0	20.0	12.0	25.0	15.0
2011	10.0	20.0	12.0	20.0	12.0	25.0	15.0
2012	10.0	20.0	12.0	20.0	12.0	25.0	15.0
2013	10.0	20.0	12.0	20.0	12.0	25.0	15.0
2014	10.0	20.0	12.0	20.0	12.0	25.0	15.0
2015	10.0	20.0	12.0	20.0	12.0	25.0	15.0
2016	10.0	20.0	12.0	20.0	12.0	25.0	15.0
2017	10.0	20.0	12.0	20.0	12.0	25.0	15.0
2018	10.0	20.0	12.0	20.0	12.0	25.0	15.0
2019	10.0	20.0	12.0	20.0	12.0	25.0	15.0
2020	10.0	20.0	8.0	20.0	12.0	25.0	15.0
2021	10.0	20.0	8.0	20.0	12.0	25.0	15.0
2022	10.0	20.0	12.0	20.0	12.0	25.0	15.0
2023	10.0	20.0	12.0	20.0	12.0	25.0	15.0

数据来源：世界贸易组织（WTO）。

非洲猪瘟等动物疫病和全球性的公共安全事件会影响猪肉进口。为了防范国外动物疫病传入国内，中国实施严格的进口猪肉准入制度。进口许可方面，由于大部分进口猪肉产品为冷冻类，这类产品在低温运输过程中可能携带疫病病毒，因此被视为高风险的进口商品。依据《中华人民共和国进出境动植物检疫法》等相关法律法规，一旦发现有疫情或食品安全问题的国家，中国会对其猪肉产品实施进口禁令。在非洲猪瘟暴发后，一旦进口国出现疫情，中国便立即暂停自其进口，例如，2018年日本和比利时均发生过非洲猪瘟疫情，在当年10月中国便停止自以上两国进口猪肉。2020年9月德国猪瘟疫情暴发，中国海关立即宣布暂停与德国猪肉进口贸易。同样，对问题猪肉也及时制止进口，例如巴西曾出现问题猪肉，中国第一时间便暂停向巴西进口猪肉。但是，非洲猪瘟疫病禁令实施标准并不适用于所有国家，譬如俄罗斯与法国实施分区防疫措施，分区防疫效果也较好，其无疫病地区的猪肉产品仍可出口至中国。中国猪肉进口实行注册评审制度。在进口猪肉之前，需通过进口来源国猪肉产品的准入评估、境外生产企业的注册登记以及食品安全体系的评估等程序。海关部门会在其官方网站上定期更新已获得准入资格、可向中国出口肉类产品的国家、企业以及产品种类清单。但经历2018年非洲猪瘟疫情后，海关部门针对境外肉类企业，重新修订了在华注册准则，并强制要求那些申请向中国出口肉类的国家，必须首先根据中国的标准对申请的企业进行严格审核。只有满足中国设定标准的肉类企业，才会被推荐给中方。随后，中国会对这些被推荐的企业进行全程的监管，包括事前的审核、事中的检查和事后的验证。只有当这些企业能够持续满足中国进口肉类的所有标准与要求时，才会被正式注册并赋予资格。中国长期以来一直实施严格的检疫准入制度。为了保障国内市场的猪肉产品安全，国外猪肉产品想要进入中国市场，必须经过一系列严格且详尽的检验检疫程序。这是为了确保猪肉产品安全，保障消费者的健康权益，并维护国内市场的稳定和公平竞争。在签署贸易合同之前需要获得《进境动植物检疫许可证》，必须通过国家质量监督检验检疫总局（现国家市场监督管理总局）指定口岸方可入境，入境后相关材料检验无误后，猪肉产品的集装箱全部需要开箱查验，同时进行防疫消毒处理。在非洲猪瘟疫情发生以后，中国海关执法部门加强了对猪肉进口产品的检验检疫力度，通过远程监控方式对允许输华的企业进行抽查、派出专家团前往进口市场评估猪肉产品质量安全情况、灵活地实时调节港口检查比例等方式，确保猪肉来源安全。2019年底新冠疫情的暴发也对猪肉进口贸易产生明显的影响，对全球猪肉供应链产生明显冲击，中国海关曾多次在进口冻猪肉产品及包装中检测出新冠病毒阳性。因此，为防止冻品携带病毒进入中国境内，中国政府对所有进口冷链食品进行新冠病毒核酸检测，检疫力度加强，导致报关报检周期延长到10天左右。

2.2.2 猪肉进口量价波动特征及影响因素

猪肉进口到岸价与进口量波动存在较高协同性。如图2-10所示，1995年以来猪肉进口到岸价总体呈现震荡上涨的趋势，但近两年有所回落。具体来看，1995—2007年，猪肉进口到岸价处于震荡上涨阶段，其价格竞争力优势仍较小。2008年受全球金融危机影响，国际汇率剧烈变动，人民币阶段性升值促使猪肉进口到岸价下跌，2009年跌至6.90元/千克，同比大幅下跌29.2%。2010年开始猪肉进口到岸价震荡上涨，2020年涨至历史最高位的18.93元/千克。2021年随着进口量下降，进口到岸价高位回落，2022年为14.92元/千克，同比跌15.7%，2023年欧洲生猪产能下降，导致自欧洲进口猪肉成本上涨，猪肉进口到岸价涨至16.12元/千克，同比上涨8.1%。除了上述提到的因素外，进口来源国价格涨跌也会影响猪肉进口价格，当进口来源国价格下跌时，国内外价差拉大，进口猪肉价格优势增强，进口到岸价下跌；当主要进口来源国，例如欧盟，2023年猪肉价格大幅上涨，创历史新高，不但导致猪肉进口到岸价上涨，同时自欧盟进口猪肉量也大幅下降，猪肉进口市场份额下降，而具有价格优势的巴西所占份额则有所增长。

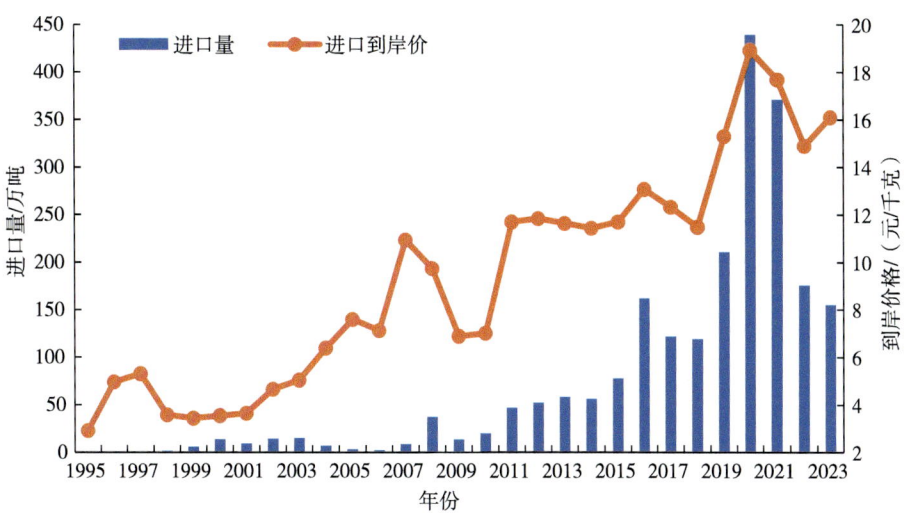

图 2-10　1995—2023 年中国猪肉进口量和进口到岸价变化情况（数据来源：中国海关总署）

外部冲击、国内供给减少带动 2007 年以来猪肉进口规模阶梯式增长。重大动物疫病、环保规制等因素叠加猪价下行周期产能调减导致 2007 年以来生猪产能发生 4 次明显波动，叠加生产成本不断上涨，导致每轮周期国内猪肉价格屡创新高，每轮猪周期猪肉进口规模不断增长，特别是猪价创新高年份猪肉进口量激增。中国猪肉进口贸易发展趋势具有三个显著的特点：一是国内外生猪生产成本竞争力差异导致猪肉进口具有刚性。受饲料原料成本、防疫成本、人工成本等持续上涨影响，2008 年开始我国生猪生产成本超过美国，随后超过欧盟，国内外猪肉价差长期存在。受重大动物疫病冲击导致国内供给下降、猪肉价格快速上涨时，进口冻品和鲜肉价差在 5 元 / 千克以上时进口量显著增加，特别是国内外猪肉价差快速拉大时，猪肉进口量快速增长，当年进口量创新高。在供给充裕、猪价稳定的年份，由于国内外猪肉价格仍然有一定价差，进口量显著下降，但仍保持一定水平；二是骨头类猪肉和猪杂碎进口呈现刚性，号肉类和段体类受国内市场价格影响较大。在猪肉价格处于高位时，增加猪肉进口用于保障猪肉供给、平抑市场价格，进口猪肉多以部位肉，即号肉类猪肉，例如 1 号肉（槽头肉）、2 号肉（前腿肉）、3 号肉（里脊肉）、4 号肉（后腿肉）。在猪价处于较低水平时，进口的号肉类猪肉价格优势不明显，进口利润较低，贸易商会增加欧美消费较少、价格便宜的骨头类猪肉，例如小排、前腿骨、后腿骨、胫骨等，这类主要用于餐饮的猪肉产品的进口具有刚性；三是非洲猪瘟后进口冻肉与国内鲜肉市场由平行向交叉影响发展。非洲猪瘟之前，我国冷库容量和冻猪肉库存量较小，鲜冷肉消费比例达到 98% 以上，冻品市场对鲜猪肉市场没有影响。2018 年 8 月非洲猪瘟暴发后，冷链物流需求增加推动我国冷链物流行业不断发展。在中央政治局会议提出实施城乡冷链物流基础设施补短板工程的要求后，我国冷链基础设施建设加快推进。根据中物联冷链委数据显示，2019 年全国冷库总量达到 6052.5 万吨（折合 1.51 亿立方米），新增库容 814.5

万吨，同比增长 15.6%。2019 年末全国冷藏车市场保有量约为 21.47 万台，较上年增长 3.47 万台，同比增长 19.3%，较 2015 年的 9.34 万头增长 1.3 倍。冻猪肉库存量增加，提高了猪肉市场调节空间，冻品库存对鲜猪肉市场影响逐渐增大。

成本要素推动猪肉进口体量增长，国内市场周期性波动带动每轮猪周期进口量先增后减。相对而言，生猪养殖是自然再生产和经济再生产相互交织的过程，既是资源依赖产业，同时也是一个资金密集型的行业，这是形成国际贸易流以及区域间猪肉流通的核心要素。根据国际贸易理论，资源禀赋与劳动生产率的差异会驱动国际贸易的产生与发展，由于猪肉作为一种资源要素密集型的畜产品，受国内自然资源禀赋影响，国内生猪养殖成本提升，成本竞争力下降传递到市场端导致国内外市场猪肉价差拉大，是推动猪肉进口增加的主要原因。从国内外生产成本差距来讲，欧美主要生产国生猪产业处于规模经济发展阶段，技术水平较高，叠加其饲料原料资源丰富，带动欧美地区主产国生产成本具有竞争优势，通过 2007—2023 年中美生产成本对比情况可知（图 2-11），仅有 2007 年、2014 年和 2022 年美国生猪生产成本高于中国，成本差呈现"扩大—缩小"的趋势，最大成本差出现在 2020 年，中国生产成本比美国高 8.84 元/千克，2021 年开始回落，2023 年成本差缩小至 0.98 元/千克，其中 2022 年美国生产成本甚至超过中国。随着中国生猪产业进入高质量发展阶段，国内外成本价差将逐渐缩小在一定范围内，中国猪肉进口规模将整体下降并稳定在合理水平。

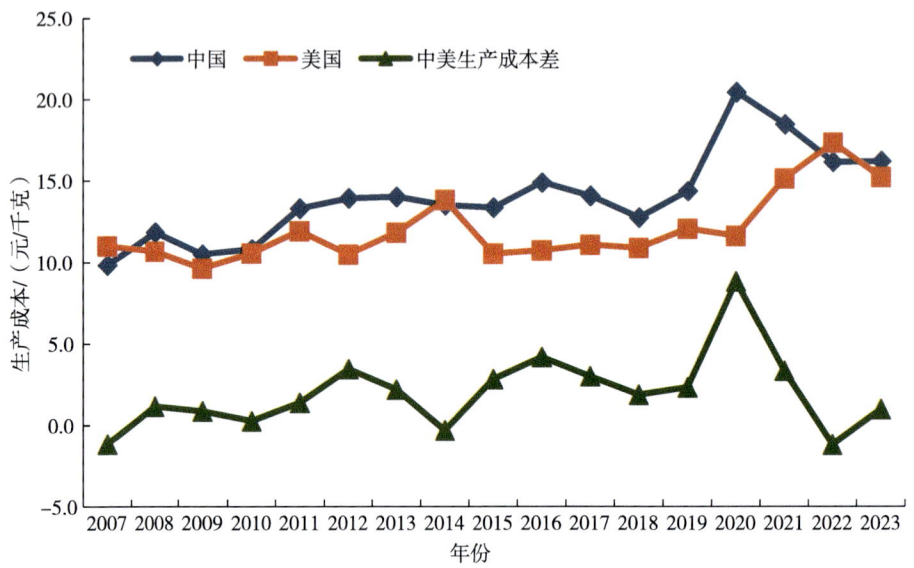

图 2-11　2007—2023 年中国和美国生猪生产成本变化情况

注：中国生猪生产成本数据由《全国农产品成本收益资料汇编》中大规模生猪养殖场数据计算所得，美国生猪生产成本数据来自美国农业部。

国内供给下降、猪价上涨导致猪肉进口量短期爆发式增长。从短期来看，由于国内供给迅速下降、价格上涨，导致猪肉进口量大幅增加，如 2008 年、2016 年、2019 年和

2020 年。同时，猪肉进口数量变动还受国内外价差拉大的影响，2008 年国内猪价开始高于美国，之后高于欧盟，与此同时自欧美地区猪肉进口量开始明显增长。如图 2-12 所示，国内外猪肉价差拉到高位时也是中国猪肉进口量高峰期。2019 年国内猪价上涨，价差再次扩大，2019 年 8 月快速扩大带动猪肉进口量开始激增，进入 2021 年后快速回落，2021 年 6 月出现价格倒挂，2023 年全年国内外猪肉价差明显缩小。对"十三五"以来进口量波动较大的原因进一步分析：受 2015 年中国猪价持续上涨影响，国内外价差不断拉大，刺激 2016 年中国猪肉进口激增，2017 年随着国内供给增加、猪价下滑，进口猪肉数量也出现了明显的下滑，但依旧处于高位，2018 年 8 月由于国内发生非洲猪瘟疫情并迅速扩散，大规模扑杀病猪使生猪产能急剧下降，这直接导致 2019 年国内猪肉产量大幅下降，同比下降 21.3%，国内猪肉供应呈现较大缺口而进口需求快速增长，2020 年第一季度又逢国内新冠疫情暴发，国内生猪出栏一度停滞，主产销区间猪肉流通受阻，猪肉供应缺口进一步扩大，为满足国内猪肉消费需求，猪肉进口量达到高峰。2021 年以来，随着非洲猪瘟疫情和新冠疫情均逐渐得到控制，国内生猪产能已接近 2014 年的高点，同时政府加大调控力度，投放大量储备猪肉进入市场，猪肉供应较为充裕，猪肉进口量逐渐回落。

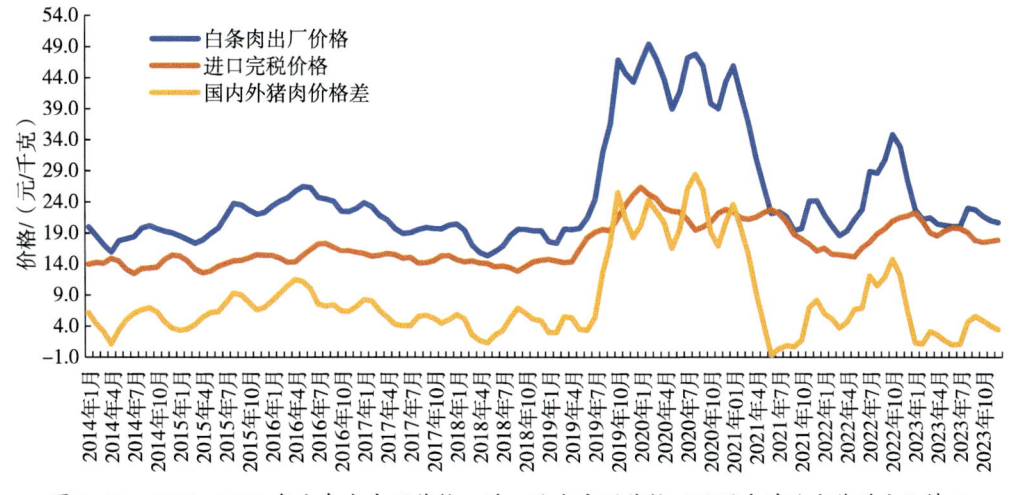

图 2-12　2014—2023 年白条肉出厂价格、进口猪肉完税价格以及国内外猪肉价差变化情况
注：白条肉出厂价格来自商务部，进口猪肉完税价格由中国海关进口额和进口量计算得来。

2.2.3　猪肉进口来源区域特征及影响因素

自欧盟和美国进口的猪肉市场份额下降，巴西则明显增加。世界生猪主产区主要集中在欧盟、亚洲、北美等地区，而中国进口来源市场也是世界猪肉主产区域。加入 WTO 以后，中国进口猪肉主要来源于欧盟及北美地区，其中自德国、西班牙及丹麦等欧盟国家进口占比接近三分之二，但自"十三五"以来，自欧盟进口的猪肉占比下降，2022 年开始低于 60%，2023 年自欧盟进口的猪肉市场份额已降至 47.4%，为 2009 年以来最低水平，首次低于50%。自南美地区进口猪肉数量明显增加，2023年进口占比增至31.7%，尤其是自巴西进口猪肉的占比明显提升，2023年巴西超越西班牙成为中国第一大猪肉进口来源国。中国猪肉进口来源变动与全球猪肉贸易格局变化趋势较为一致。如表2-3所示，长期以来，欧盟是中国第一大的猪肉进口市场，其中西班牙、丹麦以及荷兰在中国进口市场份额中位居前列，其次是南美地区的巴西，而北美地区的美国和加拿大也是中国重要的猪肉进口来源国，但2021—2022年进口量占比有所下降，两国市场份额由2016年24.3%降至2022年13.7%，2023年为16.4%。

猪肉进口来源市场呈现多元化带动进口来源集中度有所下降。从进口来源市场份额变化来看，当国内猪价较低时，进口来源市场会出现转移态势，逐渐转向巴西、智利和阿根廷等生产成本更具有优势、猪价更低的国家；当国内猪价较高、溢价空间较大时，中国自欧盟进口体量较大，自不同国家进口猪肉的数量会随着具备输华资格的工厂数量增加而增加。从进口来源国数量来看，实际对华出口猪肉产品的国家由2011年的12个国家增至2023年的16个国家；从进口市场集中度来看，猪肉进口量排名前5位国家的进口量累计占比从2010年的93.5%降至2023年的74.7%，进口市场集中度有所下降。2023年巴西和西班牙两大进口来源国占比超过50%，可见目前中国猪肉进口来源地集中度仍较高。一旦主要进口来源国家出现动物疫病、食品质量安全等问题，中国猪肉进口将受到影响。

表2-3　2010—2023年中国猪肉主要进口来源国进口量变化情况　　单位：万吨

年份	美国		加拿大		西班牙		德国		丹麦		巴西	
	进口	比例	进口	比例	进口	比例	进口	比例	进口	比例	进口	比例
2010	2.9	14.4%	3.9	19.4%	2.8	13.9%	1.8	9.0%	7.4	36.8%	—	—
2011	25.3	54.1%	5	10.7%	4.5	9.6%	2.5	5.3%	6	12.8%	—	—
2012	18.7	35.8%	5.3	10.2%	6.7	12.8%	9.5	18.2%	5.1	9.8%	0.3	0.6%
2013	11.9	20.4%	7.4	12.7%	7.1	12.2%	11.5	19.7%	6.4	11.0%	0.2	0.3%
2014	11.7	20.7%	5.2	9.2%	9.2	16.3%	10.7	19.0%	6.8	12.1%	0.1	0.2%
2015	10.1	13.0%	6.1	7.8%	13.7	17.6%	20.5	26.3%	8.1	10.4%	0.3	0.4%
2016	21.6	13.3%	17.9	11.0%	26	16.0%	34.4	21.2%	15.9	9.8%	8.1	5.0%
2017	16.6	13.6%	16.7	13.7%	23.8	19.6%	21.2	17.4%	8.9	7.3%	4.9	4.0%
2018	8.6	7.2%	16	13.4%	22	18.4%	22.8	19.1%	7.2	6.0%	15	12.6%
2019	24.6	11.7%	18.5	8.8%	41.2	19.5%	34.8	16.5%	17.5	8.3%	22.3	10.6%
2020	69.9	15.9%	42.2	9.6%	96.1	21.9%	47.0	10.7%	36.7	8.4%	48.2	11.0%
2021	40.6	10.9%	24.7	6.7%	115.4	31.1%	0.2	0.1%	35.9	9.7%	54.8	14.8%
2022	12.6	7.2%	11.4	6.5%	47.4	27.0%	0.0	0.0%	19.6	11.1%	41.7	23.7%
2023	12.2	7.9%	13.2	8.5%	38.2	24.6%	0.0	0.0%	11.4	7.4%	40.2	25.9%

数据来源：中国海关总署。

注：2010—2018年仅统计0203鲜冷冻猪肉，2019—2023年包括0209肥猪肉。

中国进口猪杂碎主要来自欧盟和北美等地区。如表2-4所示，2011年以来，中国自美国大量进口猪杂碎产品，市场份额曾超过60%，之后有所下降，特别是2018年中美贸易摩擦后，自美猪杂碎进口占比降幅明显，但仍保持在20%以上，目前美国仍是中国最主要的猪杂碎进口国家。从消费结构来看，中国居民对猪杂碎具有一定的消费需求，而美国消费者则很少食用猪杂碎产品，消费习惯差异会影响双边猪肉贸易结构，为美国对华出口大量猪杂碎产品创造有利条件。在其他进口来源国中，德国、西班牙和加拿大市场份额变动最大。2010年，自德国进口占比为23.8%，德国发生非洲猪瘟后，2021年中国已经停止猪肉及杂碎进口。2010年，自西班牙进口仅占中国进口份额的3.9%，西班牙2020年成为中国第二大猪杂碎进口来源国，2023年进口份额为20.4%。2011年以前，加拿大是中国猪杂碎最主要的进口来源国，但之后其市场份额降幅明显，进口占比由2010年的41.4%降至2023年的9.5%。丹麦自2017年开始，对华猪杂碎出口占总进口量的比重稳定在10%～15%。

表2-4 2010—2023年中国猪杂碎主要进口来源国进口量变化情况   单位：万吨

年份	美国 进口	美国 比例	德国 进口	德国 比例	西班牙 进口	西班牙 比例	丹麦 进口	丹麦 比例	法国 进口	法国 比例	加拿大 进口	加拿大 比例
2010	15.4	22.0%	16.7	23.8%	2.7	3.9%	3.9	5.6%	1.3	1.9%	29	41.4%
2011	54.8	62.1%	7.6	8.6%	3.1	3.5%	4.2	4.8%	2.6	2.9%	14.9	16.9%
2012	40.3	47.6%	8.4	9.9%	4.1	4.8%	3.8	4.5%	6.1	7.2%	16.9	20.0%
2013	24.5	29.9%	9.1	11.1%	5.7	7.0%	5	6.1%	11.1	13.6%	17	20.8%
2014	26.4	32.2%	6.7	8.2%	7.5	9.1%	4.7	5.7%	10.3	12.6%	15.8	19.3%
2015	14	17.1%	5.4	6.6%	9.5	11.6%	4.9	6.0%	16.2	19.8%	14.9	18.2%
2016	44.6	29.9%	13.7	9.2%	14.1	9.5%	6.8	4.6%	25.4	17.0%	20.3	13.6%
2017	41.8	32.6%	15.1	11.8%	13.5	10.5%	15	11.7%	6.4	5.0%	13.3	10.4%
2018	17.7	18.4%	13.3	13.8%	11.3	11.8%	14.2	14.8%	5.9	6.1%	12.1	12.6%
2019	20.5	18.1%	18.1	16.0%	15.6	13.8%	14.3	12.6%	6.9	6.1%	9.4	8.3%
2020	28.1	20.9%	17.4	12.9%	25.9	19.2%	15.1	11.2%	8.1	6.0%	11.1	8.2%
2021	36.5	28.2%	0.1	0.1%	31	24.0%	16.2	12.5%	9.2	7.1%	4.9	3.8%
2022	29.5	26.7%	—	—	23.7	21.4%	15.9	14.4%	7.9	7.1%	5.2	4.7%
2023	33.1	28.6%	—	—	23.7	20.4%	12.2	10.5%	7.6	6.6%	11	9.5%

数据来源：中国海关总署。

注：2019—2023年猪杂碎按照海关口径，不包括0209肥猪肉，2010—2018年包括冻猪肝、其他冻猪杂碎和0209肥猪肉等。

猪价价差、经贸关系、屠宰加工工艺等因素影响进口来源市场结构变动。在猪肉进口增加的初期，美国凭借其生产成本竞争力、稳定的供给能力，成为中国最主要的猪肉进口来源市场。随着中国猪肉、猪杂碎进口市场的不断扩大，欧盟凭借其良好的政经关系、生猪生产成本比较优势、猪肉产品质量、先进的屠宰加工体系，逐渐替代美国成为中国最主要的猪肉进口来源市场，尤其是西班牙。2020年开始，新冠疫情对生猪产业链冲击以及全球性饲料原料和能源价格上涨导致欧美国家尤其是欧盟生猪生产成本大幅提升，巴西则凭借其丰富的饲料资源优势成为全球最具生产成本竞争力的猪肉出口国，出口持续增长带动巴西生猪产能持续提升，促进生猪规模经济发展，进一步提升其猪肉出口优势。

一是从经贸关系来看，中国与欧盟国家的经贸关系总体相对稳定，已形成较好的经贸关系，基于中国市场需求情况，欧盟猪肉出口产品按照"猪肉＋杂碎"的配套方式出口实现溢价。由于2018年中美贸易摩擦，引发双方加征报复性关税，当年自美进口明显减少，但随着中国暴发非洲猪瘟导致产能急剧下降，猪肉进口需求加大，且中美贸易谈判取得良好进展，中美经贸关系有所改善，促使2019—2020年自美进口数量有所恢复，但目前自美进口加征25%关税仍未取消，抵消了一部分美国猪肉价格竞争力，2021—2023年自美猪肉进口占比明显下降。近年来中国政府与巴西、阿根廷和智利签署一系列有利于双方贸易往来的自由贸易协定，促进自南美地区进口猪肉占比明显增长（图2-13）。

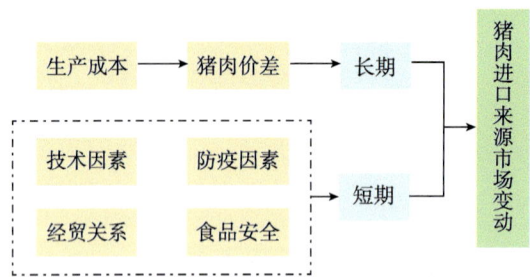

图2-13 猪肉进口来源市场变动影响机理

二是从生产成本竞争力和国内外猪肉价差角度看，当国内猪价处于上行周期时，进口国生产成本因素和市场价格因素并不是影响进口市场份额变动的主因，而是主要受国内溢价因素影响；当国内猪价处于下行周期时，贸易商将转向出口成本竞争力更高的市场，不同区域不同进口市场生产成本和价格差异因素影响加大，一国进口价格与国内猪价价差高于其他出口市场则会带动该国对华出口数量的增加。根据比较优势理论，欧美国家在饲料原料等生产要素和技术进步方面具有较大的优势，生猪生产成本比较优势带动对华出口的增加，出口增值促进产业投资和生猪规模经济发展，进而强化了猪肉生产区域分工和布局。长期以来中国主要从欧盟和美国两大市场进口猪肉产品，市场成本优势是影响因素之一。2021年美国和欧盟生猪养殖成本分别为10.25元/千克、13.25元/千克，仅是中国生产成本的50%～60%（张海峰等，2023）。总体来说，欧盟生猪生产成本介于中国和美国之间。2022年受通货膨胀、饲料原料价格上涨、疫病等多种因素影响，欧盟生产成本明显上升，2023年猪价持续攀升创新高，部分时间欧盟国家中的西班牙、丹麦白条肉价格甚至高于中国，中国进口来源市场开始转向南美地区。此外，欧盟内部不同国家生产成本差异较大，例如意大利生产成本较高，这也是导致中国逐渐减少自意进口猪肉的原因之一。近年来南美地区生产成本优势凸显，带动中国自该区域进口明显增加，2023年自南美地区进口占比接近1/3。

三是从屠宰加工工艺来看，贸易商倾向于选择加工工艺先进、适合再加工的进口猪肉产品，如欧盟。由于中国不同贸易商对于进口猪肉产品的需求不同，对进口国屠宰技术要求较高，追求细分割产品以便满足国内更多分销商多样化的需求，所以进口市场份额变动也会受各国屠宰技术的差异影响，欧洲生猪屠宰技术水平较高，肉类加工品更符合中国市场的消费需求，因此绝大多数年份自欧盟进口占比在60%以上。同时，国际猪肉产品出口会对中国产生技术溢出效应，例如最近几年自欧盟进口种猪量增加，并引入相应的生产理念和技术，一定程度上促进了中国生猪生产技术水平的提升。

四是从食品安全角度来看，由于美国在猪饲料生产过程中允许使用瘦肉精作为添加剂，这不符合中国法律规定的食品安全标准（田聪颖等，2017），同时中国消费者对美国猪肉认可度的逐渐降低，2011年以来自美国进口猪肉市场份额呈现下降趋势。同样，巴西曾经出现问题猪肉事件，导致短时间双方猪肉贸易暂停。

五是从防疫角度来看，受重大动物疫病因素影响较大的国家包括德国、俄罗斯以及比利时等，由于进口国暴发"非洲猪瘟"疫情，导致中国分别从2009年、2021年、2022年开始暂停自俄罗斯、德国、比利时进口猪肉产品，直至2024年1月中国海关才重新解除俄罗斯和比利时禁令。受新冠疫情因素影响较大的进口国包括美国、意大利等国家（郎天志，2022），2020年以来中国多次从美国、意大利进口猪肉产品及包装检测出新冠病毒阳性，间接导致自以上国家进口猪肉产品数量的减少和进口通关时间有所延长。

2.3 猪肉进口对国内产业和市场的影响

猪肉进口对国内生猪养殖业的影响具有双面性。从对国内市场影响来看，适度进口猪肉有利于稳定市场、保障消费。2019年，猪肉进口明显缓解了国内肉类产品的供求压力，有利于短期内适当平抑价格上涨。以前中国进口的猪肉多用于制作肉食加工品，而2019年受国内猪肉价格大幅上涨影响，进口冻肉的直接消费明显增加。进口一定数量的肉类产品，可以解决相关肉类加工业发展对原料需求的瓶颈问题，缓解国内原料数量不足、质量偏低的问题，有助于促进国内肉类加工业的发展。通过开放猪肉市场，在猪肉价格上涨过快时，进口一定数量猪肉有利于调节供求失衡、熨平猪肉价格波动，从而促进生猪养殖业的健康发展。进口猪肉在平抑国内猪价的同时，也缩小了国内生猪养殖业的整体盈利水平和盈利期，不利于国内生猪养殖企业和养殖户充分利用市场红利来实现产业改造升级；猪肉过量进口将会冲击国内生猪养殖产业。美国、欧盟等主要进口来源国的生产成本低、猪肉价格优势明显，过量进口会给国内生猪养殖业带来压力。从长远角度来看，只要保持一定的价差，无论国内猪肉供需何种形势，企业的逐利经营都会推高进口，拉低国内猪肉价格，给国内生猪养殖企业和农户带来巨大的竞争压力。同时，猪肉进口过量将间接影响行业上下游。就上游产品来看，进口增加导致国内猪肉生产需求下降，生猪存栏减少，影响上游种猪生产、饲料生产、兽药等行业、玉米等饲料原料需求因而下降，玉米及饲料库存增加，价格将持续下滑，影响玉米等饲料原料的生产、加工和贸易。就下游产品来看，国外猪肉价格低，火腿等下游产品以及餐饮、批发零售业将会为更高的利润空间而采用进口猪肉，势必影响国内猪肉的市场占有率。从产业影响来看，面对猪肉进口压力，国内生猪养殖业可能会进行生产结构调整，通过提高养殖效率、降低生产成本以及提升产品质量等方式，加大技术创新方面投入，提升国产猪肉竞争力，以应对国际市场猪肉的竞争。

第三章
中国牛肉进口演变趋势及特征

本章详细阐述了全球牛肉供需形势、中国牛肉供需形势和贸易形势，分析全球和中国的牛肉供需形势，以较为科学地掌握当前全球肉牛产业发展的整体情况；分析牛肉进口贸易发展趋势及其影响机制，从而系统科学地把握当前中国牛肉进口贸易的现实情况，研判牛肉进口对国内产业和市场的影响，为中国政府合理调控牛肉进口贸易提供政策建议。

3.1 全球牛肉供需形势

3.1.1 全球牛肉供给发展趋势

全球牛产业呈现产能增加、主产区集中度提升的趋势。2000—2022年全球牛（包含水牛，下同）存栏量和出栏量年均增速均为0.8%，牛肉（包含水牛肉，下同）产量年均增长1.9%（图3-1）；2022年全球牛存栏量、出栏量和牛肉产量排名前三的亚洲、非洲和南美洲累计占全球总量的比重分别为82.5%、70.3%和70.1%。

牛存栏呈现总量和地域集中度均持续增长的趋势。从存栏总量看，全球牛存栏量从2000年的14.8亿头持续增长至2022年的17.6亿头，年均增速为0.8%，其中非洲、美洲、南美洲和亚洲实现正增长，年均增速分别为2.2%、1.1%、1.1%和0.5%，欧洲、北美洲和大洋洲呈现负增长，年均降速分别为1.2%、0.3%和0.3%。从地域分布看，全球牛存栏量排名前三的大洲为亚洲、非洲和南美洲，其中非洲和南美洲牛存栏量占全球总量的比重从2000年的16.0%和20.3%增至2022年的21.9%和22.1%，亚洲则从40.7%降至38.6%；2022年牛存栏量排名前十的国家依次为印度、巴西、巴基斯坦、美国、中国、埃塞俄比亚、阿根廷、墨西哥、乍得和苏丹，存栏量累计占全球总量的59.5%。

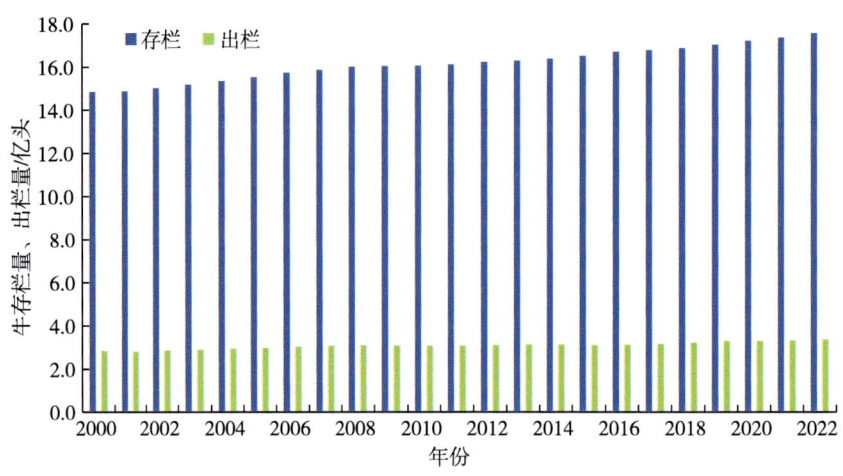

图 3-1　2000—2022 年全球牛存栏量、出栏量变化情况（数据来源：FAO）

牛出栏呈现总量震荡增长、地域集中度先增后降再增的趋势。从出栏量来看，全球牛出栏量从 2000 年的 2.8 亿头增至 2022 年的 3.4 亿头，年均增速为 0.8%，其中亚洲、中美洲、非洲和南美洲实现正增长，年均增速分别为 2.1%、1.6%、0.6% 和 0.3%；欧洲、大洋洲和北美洲出现负增长，年均降速分别为 1.6%、0.6% 和 0.3%。从地域分布看，2000 年亚洲、南美洲和欧洲牛出栏量占全球总量的比重分别为 27.3%、19.8% 和 19.3%，2022 年亚洲占比增长至 36.5%，南美洲 2007 年增长至 23.3% 后回落，2022 年占比为 20.8%，欧洲持续下降至 2015 年 13.2%，之后非洲超过欧洲成为全球牛出栏排名第三的大洲，2022 年欧洲牛出栏量占比降至 11.5%；2022 年牛出栏量排名前十的国家依次为中国、巴西、美国、巴基斯坦、阿根廷、印度、墨西哥、俄罗斯、澳大利亚和乌兹别克斯坦，累计占全球总出栏量的 59.8%。

牛肉产量呈现总产量上升、人均产量先升后降再恢复和生产地域集中度提高的趋势。从总产量来看（图 3-2），全球牛肉产量从 2000 年的 5833.7 万吨增至 2022 年的 7625.0 万吨，年均增速为 1.9%；其中除欧洲牛肉产量出现负增长，年均降速为 0.6%，亚洲、中美洲、非洲、南美洲、北美洲和大洋洲均实现正增长，年均增速分别为 2.8%、2.1%、1.9%、1.6%、0.3% 和 0.1%。从人均产量看，全球人均牛肉产量从 2000 年的 9.49 千克/年增至 2007 年的 9.84 千克/年后震荡下降，2016 年降至 9.29 千克/年，2022 年恢复至 9.56 千克/年；其中亚洲、中美洲和南美洲实现正增长，年均增速分别为 1.7%、0.8% 和 0.5%，大洋洲、欧洲、非洲和北美洲均出现负增长，年均降速分别为 1.6%、0.7%、0.7% 和 0.5%。从地域分布看，2000 年北美洲、亚洲和南美洲牛肉产量占全球产量的比重分别为 22.9%、20.9% 和 20.4%，2022 年亚洲和南美洲占比分别增至 29.4% 和 21.9%，北美洲降至 18.8%；2022 年产量排名前十的国家依次为美国、巴西、中国、印度、阿根廷、巴基斯坦、墨西哥、澳大利亚、俄罗斯和土耳其，累计占全球总产量的 63.3%。

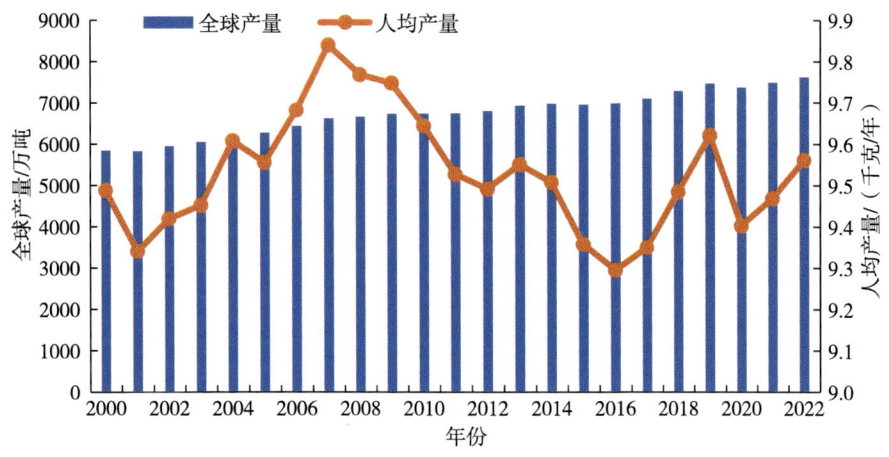

图 3-2　2000—2022 年全球牛肉总产量及人均产量变化情况（数据来源：FAO）

3.1.2　全球牛肉消费发展趋势

全球牛肉消费呈现总量上升、人均消费量震荡下降以及消费占比下降的趋势。2000—2022 年全球牛肉消费总量年均增长 1.2%，人均消费量年均下降 0.1%，占肉类消费的比重下降 4.5 个百分点。

牛肉消费呈现总量震荡增长、人均消费量先升后降再恢复的趋势，亚洲牛肉消费增速最快。从消费总量看（图 3-3），全球牛肉消费量从 2000 年的 5802.8 万吨震荡增长至 2022 年的 7543.8 万吨，年均增速为 1.2%。其中，亚洲、非洲、中美洲、南美洲和北美洲实现正增长，年均增速分别为 3.2%、2.3%、0.7%、0.6% 和 0.1%，欧洲和大洋洲出现负增长，年均降速分别为 0.7% 和 0.2%。2022 年亚洲牛肉消费量占全球消费总量的 37.7%，远高于其他大洲，北美洲、南美洲、欧洲、非洲、中美洲和大洋洲分别占 18.6%、16.5%、13.6%、9.8%、3.3% 和 1.1%。从人均消费量看，全球牛肉人均消费量从 2000 年的 9.57 千克/年震荡增长至 2007 年的 9.75 千克/年后震荡下降，2016 年降至 8.87 千克/年后持续回升，2022 年恢复至 9.42 千克/年，年均下降 0.1%。其中，亚洲实现正增长，年均增速为 2.0%，大洋洲、欧洲、非洲、北美洲、中美洲和南美洲均出现负增长，年均降速分别为 2.7%、0.8%、0.8%、0.7%、0.5% 和 0.5%。

牛肉消费占肉类消费的比重呈下降趋势。从消费占比来看（图 3-4），2000—2022 年全球牛肉消费比重呈先降后升再下降的趋势，从 2000 年 25.6% 降至 2016 年 20.9%，2020 年恢复至 22.1% 后继续下降，2022 年降至 21.2%；其中除亚洲实现正增长，从 2000 年 15.6% 增至 2022 年 16.6%，同期其余大洲均为负增长，南美洲降幅最大，从 45.3% 降至 32.5%，中美洲、大洋洲、非洲、欧洲、北美洲分别从 32.4%、31.9%、38.3%、23.2%、38.3% 降至 20.0%、19.5%、28.8%、17.3%、30.6%。

图3-3 2000—2022年全球牛肉总消费量及人均消费量变化情况(数据来源：FAO)

图3-4 2000—2022年全球牛肉消费占肉类消费比重变化情况(数据来源：FAO)

3.1.3 全球牛肉贸易发展趋势

全球牛肉贸易规模呈现增长趋势，主要出口国家出口价格震荡上涨。2022年南美洲、欧洲、北美洲和大洋洲四个洲牛肉出口量累计占比为85.2%，亚洲牛肉进口占全球牛肉进口总量的52.1%。

牛肉贸易规模呈增长趋势，出口市场集中在南美洲、欧洲、北美洲和大洋洲，亚洲是主要的牛肉进口市场。从出口情况看（图3-5），全球牛肉出口总量从2000年的785.8万吨增至2022年的1569.9万吨，年均增速为3.2%。其中，亚洲牛肉出口年均增速最高，为11.1%，其次为中美洲和南美洲，年均增速分别为10.2%和7.3%，欧洲、北美洲、大洋洲和非洲年均增速分别为2.1%、0.5%、0.5%和0.1%。南美洲、欧洲、北美洲和大洋洲是全球主要的牛肉出口市场，2022年牛肉出口量累计占全球总量的

85.2%；全球牛肉出口排名前十的国家为巴西、美国、澳大利亚、印度、阿根廷、荷兰、新西兰、加拿大、波兰和爱尔兰，2022年出口量累计占比为75.2%。从进口情况看，全球牛肉进口总量从2000年的790.3万吨增至2022年的1481.8万吨，年均增速为2.9%。其中，除中美洲出现负增长，年均降速为2.9%，亚洲、南美洲、大洋洲、非洲、欧洲和北美洲均正增长，年均增速分别为5.7%、3.7%、3.3%、2.5%、1.3%和0.4%；亚洲是全球牛肉进口第一大市场，2022年进口量占全球牛肉进口总量的52.1%，其次是欧洲，2022年进口量占比为25.4%；全球牛肉进口排名前十的国家（地区）为中国、美国、日本、韩国、荷兰、德国、法国、意大利、英国和中国香港，2022年进口量累计占比为60.0%。

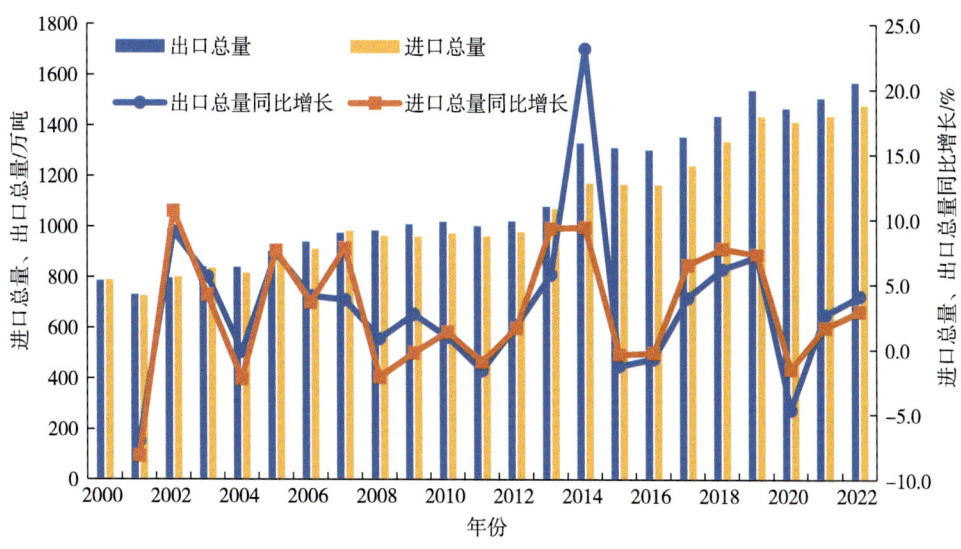

图3-5　2000—2022年全球牛肉总变化情况（数据来源：FAO）

全球牛肉出口价格呈现震荡式上涨趋势，美国牛肉价格最高。美国牛肉以谷饲为主，牛肉出口价格远高于澳大利亚和巴西，澳大利亚既有草饲牛肉也有谷饲牛肉，牛肉价格居中，巴西、阿根廷、乌拉圭和新西兰则主要以草饲牛肉为主，价格相对较低。2000年澳大利亚、美国和巴西牛肉年平均出口价格分别为1789美元/吨、3615美元/吨和2671美元/吨，澳大利亚和美国分别持续上涨至2014年的5016美元/吨、7361美元/吨，巴西持续上涨至2011年的5078美元/吨后开始回落，2017年三国牛肉平均出口价格均开始第二次上涨，2022年均涨至历史高位，分别为5795美元/吨、8854美元/吨和5905美元/吨，分别较2000年增长2.2倍、1.4倍和1.2倍，2023年分别回落11.4%、1.2%和19.6%，跌至5135美元/吨、8750美元/吨和4748美元/吨（图3-6）。

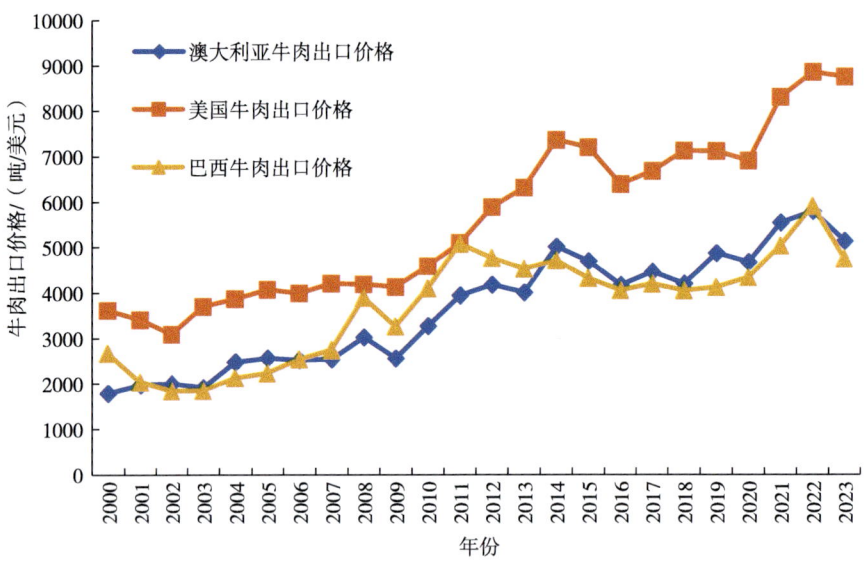

图 3-6 2000—2023 年澳大利亚、巴西和美国牛肉出口价格变化情况（数据来源：FAO）

3.2 中国牛肉供需形势

3.2.1 中国牛肉供给发展趋势

中国是全球第三大牛肉生产国，2000 年以来中国牛产业呈现牛存栏量下降、牛出栏量和牛肉产量增长的趋势。从存栏情况来看，牛存栏量变化趋势大致经历了震荡下降和震荡增长两个阶段（图 3-7）。第一阶段为 2000—2013 年，牛存栏量呈震荡下降趋势，从 1.2 亿头降至 8985.8 万头，降幅为 31.3%，年均下降 2.4%；第二阶段为 2014—2023年，牛存栏量呈震荡增长趋势，2014—2018 年牛存栏量在 9000 万头左右波动，从 2019 年开始持续增长，2023 年增至 2010 年以来高点的 10509.0 万头，较 2018 年增长 17.9%。从出栏情况来看，牛出栏量呈先增后降再增长趋势，出栏量从 2001 年的 3794.8 万头持续增长至 2007 年的 4307.1 万头后震荡下降，2013 年降至 4189.9 万头后回升，2023 年增至 2000 年以来高点 5023.0 万头，较 2000 年增长 31.9%，年均增长 1.2%。从产量来看，我国牛肉产量呈震荡增长、占肉类产量的比重呈震荡下降趋势（图 3-8），牛肉产量从 2000 年的 513.1 万吨震荡增长至 2023 年的 753.0 万吨，增幅为 46.8%，年均增长 1.7%，牛肉占肉类产量的比重从 8.5% 震荡增至 2007 年的 9.0% 后持续下降，2014 年降至 7.2% 后持续恢复，2020 年恢复至 10.3%，2021 年开始有所下降，2022—2023 年牛肉占肉类产量的比重稳定在 10.0%。

第三章 中国牛肉进口演变趋势及特征

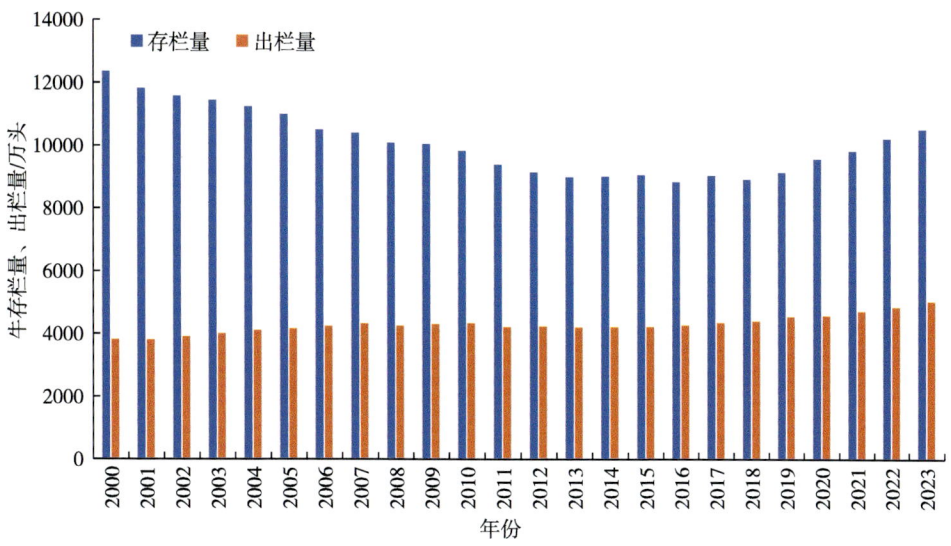

图 3-7 2000—2023 年中国牛存栏量、出栏量变化情况（数据来源：国家统计局）

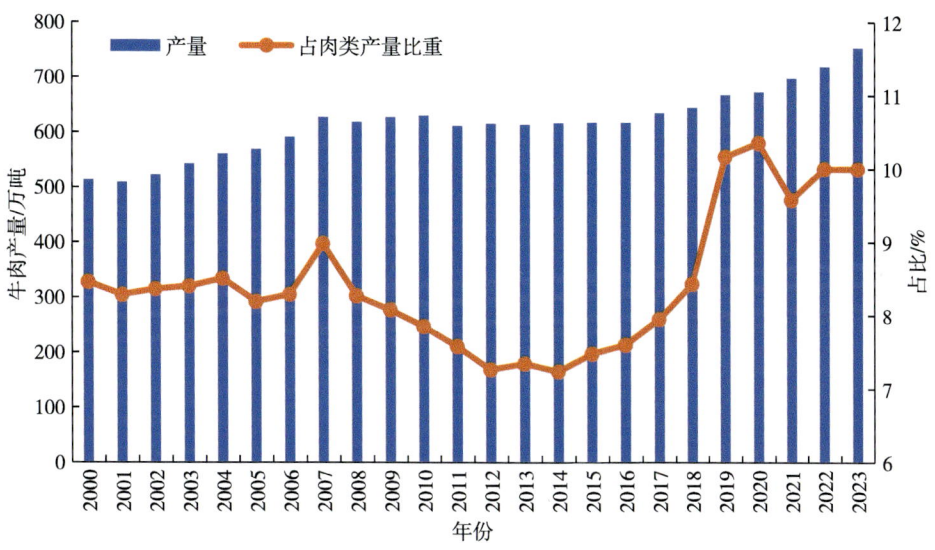

图 3-8 2000—2023 年中国牛肉产量及占肉类产量比重变化情况（数据来源：国家统计局）

3.2.2 中国牛肉消费发展趋势

中国是全球第二大牛肉消费国，中国牛肉消费总量、牛肉消费占肉类消费的比重以及人均消费量均呈增长趋势。从消费总量来看，中国牛肉表观消费量大致经历了缓慢增长和快速增长两个阶段（图 3-9）。第一阶段为 2000—2016 年，牛肉消费量震荡增长，增长速度较缓，从 2000 年 512.0 万吨增至 2016 年 674.5 万吨，增幅为 31.7%，年均增长 1.7%；第二阶段为 2017—2023 年，产量和进口量增长带动消费量持续增长，增速加快，从 2017 年 704.0 万吨增至 2023 年历史新高的 1026.7 万吨，增幅为 45.8%，年均增长

· 35 ·

6.2%。从肉类消费结构来看，牛肉占肉类消费量的比重呈现震荡增长的趋势（图3-10）。牛肉消费量占比从2000年8.5%震荡增至2007年9.0%后震荡下降，2014年降至7.2%后持续回升，2020年增至10.3%的历史高点，2023年回落至10.0%。从人均消费量来看，牛肉人均表观消费量与消费总量变化趋势基本一致。按照国家统计局公布的人口数量折算，2000年中国牛肉人均消费量为4.0千克/年，2016年增至4.8千克/年，增幅为19.9%，年均增长1.1%，此后增长速度加快，2023年增至历史新高的7.3千克/年，增幅为50.3%，年均增长6.0%。

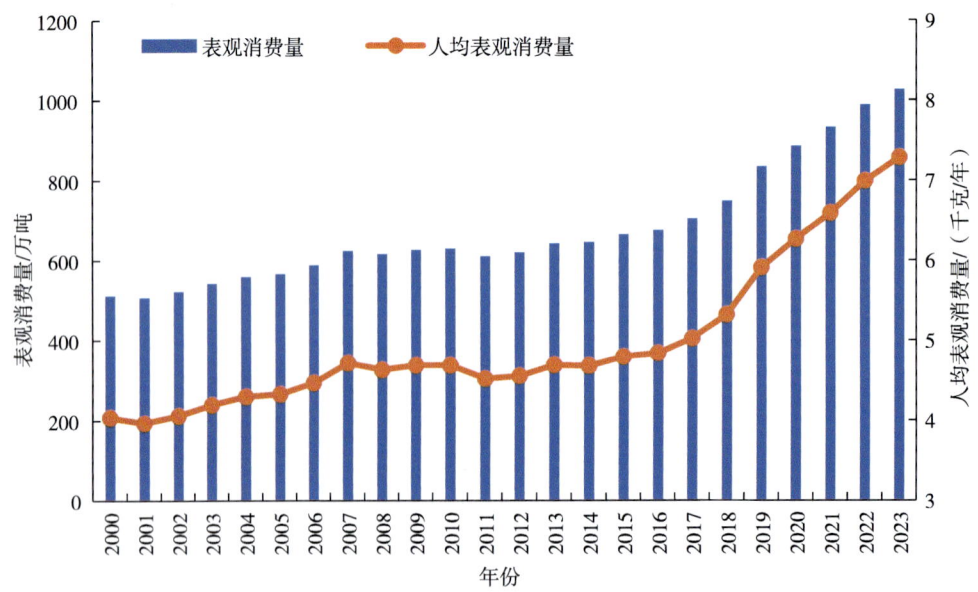

图3-9 2000—2023年中国牛肉表观消费量及人均表观消费量变化情况
（数据来源：国家统计局）

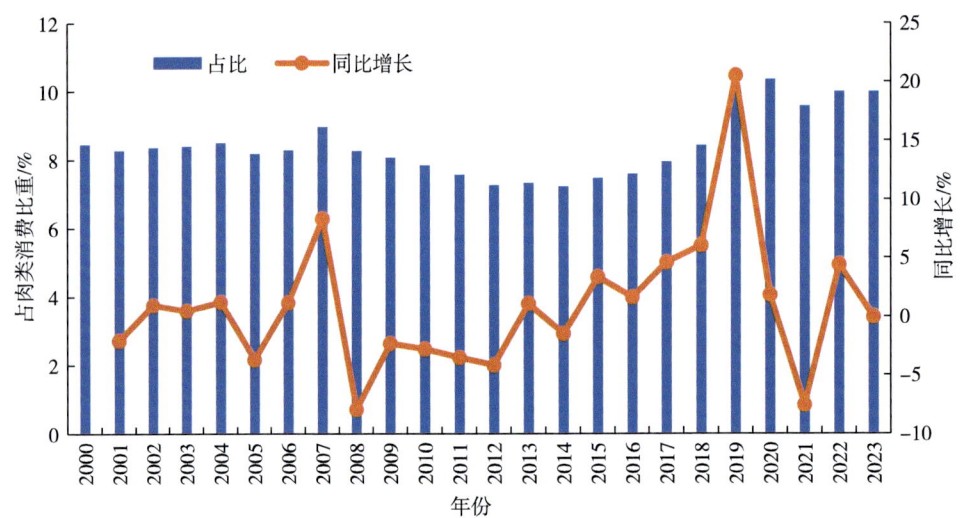

图3-10 2000—2023年中国牛肉消费占肉类消费比重变化情况（数据来源：国家统计局）

3.3 中国牛肉进口贸易发展趋势、特征及影响因素

3.3.1 牛肉进口贸易发展趋势

（1）牛肉进口贸易总体趋势

"十三五"开始中国牛肉进口增速加快、进口规模持续扩大。中国牛肉进口大致经历了两个阶段的变化（图3-11）：第一阶段为2000—2011年，牛肉进口量较低，在0.3万～2.0万吨之间波动。本阶段牛肉产不足需特征已经显现，牛肉价格持续上涨。2000年10月—2009年7月，牛肉价格上涨99个月，累计涨幅174.3%，下跌6个月，仅下跌4.2%。其中，2007年和2008年牛肉价格分别大幅上涨20.0%和43.3%。但是，由于国内牛肉价格仍然低于国际牛肉价格，无论国内进口市场还是国家出口市场开展牛肉贸易动力不足，牛肉进口量偏低；第二阶段为2012—2023年，牛肉进口量快速增长，从2012年的6.1万吨增至2023年的273.7万吨，累计增长43.6倍，年均增速达50.6%，本阶段牛肉供需缺口进一步扩大，叠加生产成本上涨推动，牛肉价格大幅上涨后高于国际牛肉价格，价差持续拉大。受牛肉产量增长缓慢甚至停滞叠加"猪周期"影响，2011—2013年牛肉价格连续3年大幅上涨，年平均价格分别涨9.5%、21.5%和30.3%，2012年牛肉进口量暴增，之后进口量持续增长。2019—2020年牛肉价格涨幅较大，年均价分别涨12.4%和14.9%，2020年牛肉进口量增至200万吨以上。2023年受国内牛肉价格持续下跌影响，进口增速明显放缓，但进口量仍创新高。

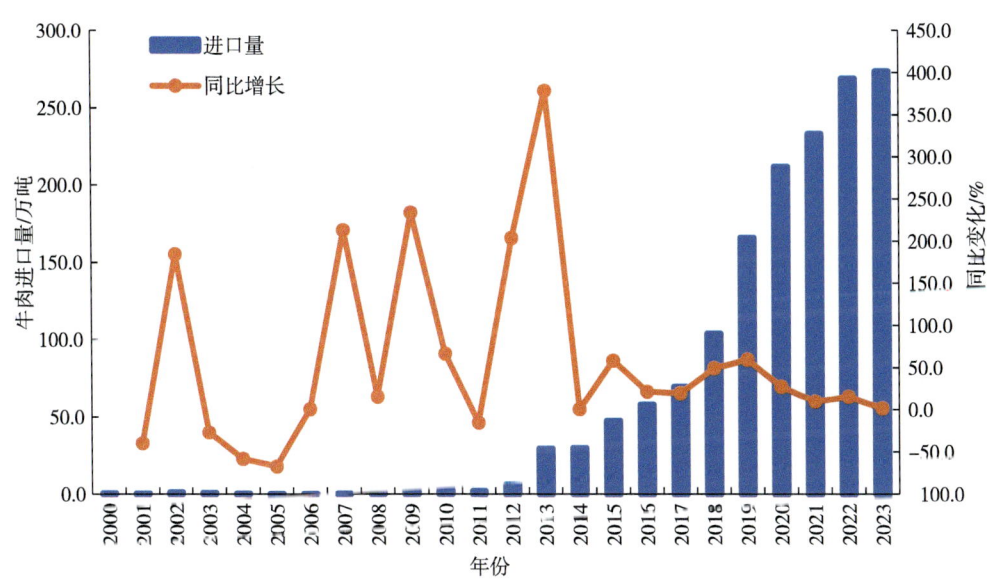

图3-11 2000—2023年中国牛肉进口量变化趋势（数据来源：中国海关）

（2）牛肉对外依存度分析

利用中国国家统计局牛肉产量数据和中国海关牛肉贸易数据，参照国内学者的研究方法（王维方等，2011），对牛肉对外依存度进行测算。计算公式为：

$$Y = \frac{Q_i - Q_e}{Q_c} \quad (3-1)$$

式（3-1）中：Y 为牛肉对外依存度；Q_i 为当期牛肉进口量；Q_e 为当期牛肉出口量；Q_c 为当期国内牛肉表观消费量。

中国牛肉对外依存度持续上升。根据图3-12可知，2000—2023年中国牛肉对外依存度变化可以大致分为两个阶段：第一阶段是2000—2011年，中国牛肉对外依存度在0.1%以下，依存度较小且相对稳定，进口牛肉对国内牛肉市场的影响几乎可以忽略；第二阶段是2012—2023年，对外依存度快速增长，从2012年0.8%持续增至2022年的历史高位27.3%，较2000年提高26.5个百分点，2023年小幅下降至26.7%，进口牛肉成为中国牛肉供给的重要组成部分。农业农村部于2021年制定并颁发的《"十四五"全国畜牧兽医行业发展规划》提出，中国牛肉自给率要保持在85%左右，即对外依存度低于15%时，供给相对安全。2019年以来中国牛肉对外依存度均高于15%，快速增长的进口牛肉在填补中国牛肉产需缺口、平抑牛肉价格以及满足多样化的消费需求等方面发挥了巨大的作用，但过高的对外依存度也影响中国牛肉供给安全。

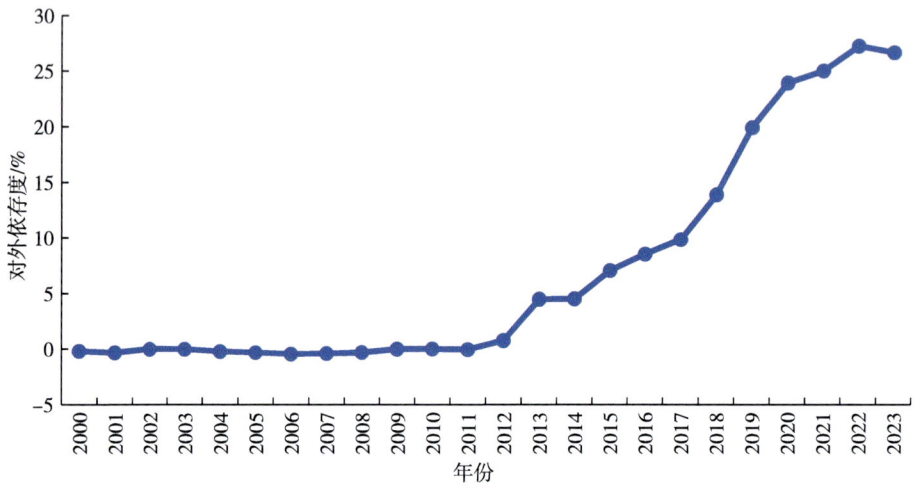

图3-12　2000—2023年中国牛肉对外依存度变化情况（数据来源：中国海关、国家统计局）

（3）牛肉进口品种结构分析

牛肉进口产品以去骨牛肉为主，绝大部分是冷冻产品。根据中国海关统计口径，中国牛肉进口产品主要分为鲜、冷牛肉以及冻牛肉两大类（表3-1）。根据海关统计数据显示，2019—2023年中国牛肉进口品类结构保持稳定，冷冻产品进口占据主要地位。2019年中国鲜肉和冻肉进口量分别为3.8万吨和162.2万吨，分别占进口总量的2.3%和97.7%，2023年分别增至6.5万吨和267.2万吨，占比分别为2.4%和97.6%；2019年冻去骨牛肉和冻带骨牛肉进口量分别为136.2万吨和25.7万吨，分别占总进口量的82.1%和15.5%，2023年分别增至223.5万吨和43.5万吨，占比分别为81.7%和15.9%。

表3-1　中国牛肉进口品种明细

分类	编码	商品名称
鲜、冷牛肉	02012000	鲜、冷带骨牛肉
	02013000	鲜、冷去骨牛肉
冻牛肉	02021000	冻整头及半头牛肉
	02022000	冻带骨牛肉
	02023000	冻去骨牛肉

数据来源：根据中国海关总署统计月报公布的进口主要商品目录整理，按照《商品名称及编码协调制度》（简称"HS"）对牛肉产品进行归类，并以2017年修订后的HS编码界定为准。

（4）牛肉进口贸易政策演变

加入WTO以来中国牛肉进口关税逐步下调并保持稳定。与猪肉相同，中国牛肉产品关税（最惠国关税，下同）是以进口价格为基础的从价税，2001年中国加入WTO以来税率逐步下调并保持稳定，其中鲜冷牛肉和冷冻牛肉下调幅度最大，分别由2001年39%和40%下调至2004年15%和16%，同期加工牛肉由33%下调至25%，牛杂碎由19%下调至12%（表3-2）。此外，中国先后与新西兰和澳大利亚签订《中国—新西兰自由贸易协定》（下称《中新自贸协定》）和《中国—澳大利亚自由贸易协定》（下称《中澳自贸协定》），其中《中新自贸协定》规定自2016年起中国自新西兰进口牛肉征收零关税，《中澳自贸协定》规定澳大利亚牛肉输华关税按1.2%的梯度从12%逐年下调，2024年降至零关税，关税配额量自2019年起逐年递增，到2031年最终增至24.9万吨。目前，中国牛肉进口市场中澳大利亚、新西兰、哥斯达黎加、塞尔维亚、尼加拉瓜等国牛肉进口关税均降至零关税。

表3-2　2001—2023年中国牛肉产品进口关税（最惠国关税）变动情况　　单位：%

年份	牛肉产品类型				
	活牛	鲜冷牛肉	冷冻牛肉	牛杂碎	加工牛肉
2001	5	39	40	19	33
2002	5	27	28	15	29
2003	5	21	22	14	27
2004	5	15	16	12	25
2005	5	15	16	12	25

续表

年份	牛肉产品类型				
	活牛	鲜冷牛肉	冷冻牛肉	牛杂碎	加工牛肉
2006	5	15	16	12	25
2007	5	15	16	12	25
2008	5	15	16	12	25
2009	5	15	16	12	25
2010	5	15	16	12	25
2011	5	15	16	12	25
2012	5	15	16	12	25
2013	5	15	16	12	25
2014	5	15	16	12	25
2015	5	15	16	12	25
2016	5	15	16	12	25
2017	5	15	16	12	25
2018	5	15	16	12	25
2019	5	15	16	12	25
2020	5	15	16	12	25
2021	5	15	16	12	25
2022	5	15	16	12	25
2023	5	15	16	12	25

数据来源：世界贸易组织。

中国牛肉进口来源国数量和具备输华资格屠宰加工厂数量均呈增长趋势。从进口市场来看，中国牛肉进口来源国数量呈现增长趋势，从2017年的13个进口来源国增至2019年的24个国家后便保持在20个国家以上，2019年以来中国牛肉进口来源新增波兰、拉脱维亚、立陶宛和俄罗斯；从具备输华资格的企业数量来看，中国牛肉产品进口实行注册评审制度，相关企业申请对华出口的操作流程与猪肉产品一致，具备输华资格的企业数量呈增长态势，以巴西和阿根廷为例，2018年巴西和阿根廷具备输华资格的工厂数量分别为18家和40家，2024年上半年分别增至67家和68家。

进口禁令方面，为了防止疯牛病等动物疫病传入中国，危害中国畜牧业安全和人体健康，依据《中华人民共和国进出境动植物检疫法》等相关法律法规，当出口国暴发动物疫病或者食品安全事件时，中国有权发布禁止从该国进口相关产品的命令。以疯牛病为例，为了防止疯牛病传入中国，农业部、国家出入境检验检疫局联合公告2001年第143号（以下简称"公告"）规定：禁止直接或间接从发生疯牛病的国家或地区进口牛、牛胚胎、牛精液、牛肉类产品（包括牛内脏）及其制品、反刍动物源性饲料（包括牛、羊等的肉骨粉、骨粉、肉粉、血粉、血浆粉、干血浆及其他血液制品、脱水蛋白、蹄粉、角粉、油渣、磷酸氢钙、明胶以及用上述原料加工制作的各类饲料）。公告上首批禁止进口名录上的国家为英国、爱尔兰、瑞士等13个国家，并规定中国今后可以根据疯牛病的发展情况灵活调整名录上的国家，例如2012年因巴西境内暴发疯牛病，中国禁止进口巴西牛肉产品，并于2015年解除禁令；2018年解除已施行了17年的对于英国30月龄以下剔骨牛肉的禁令，2021年因英国通报发生1起典型疯牛病疫情，再次禁止英国30月龄以下剔骨牛肉的进口。

3.3.2 牛肉进口量价波动特征及影响因素

牛肉进口到岸价2010年以来呈震荡上涨趋势，2022年涨至历史高位。中国牛肉进口到岸价从2010年的24.1元/千克震荡上涨至2022年的44.4元/千克，2023年回落至36.7元/千克（图3-13）。根据FAO统计，2008—2015年澳大利亚是中国最大的牛肉进口来源国，2008年中国肉牛生产成本开始超过澳大利亚，当年澳大利亚对华牛肉出口占比60.5%。2011年澳大利亚肉牛价格大幅上涨23.2%，叠加中国牛肉价格再次出现大幅上涨，带动当年牛肉进口到岸价涨至30.5元/千克，同比上涨26.6%；2020—2022年，国内新冠疫情暴发，牛出栏停滞，肉牛跨区域调运受阻，恰逢国内猪价高位运行，带动牛肉价格涨至历史高位，推动牛肉进口量屡创新高，叠加人民币贬值因素，进口牛肉到岸价增幅总体较大，由33.2元/千克增至44.4元/千克，年均增长15.7%；2023年以来，全球牛肉处于产能高峰，国际消费需求低迷，国际市场牛肉价格进入下跌通道，叠加国内牛肉消费增长未达预期，牛肉进口到岸价出现较大幅度回落，跌至36.7元/千克，同比下降20.1%。

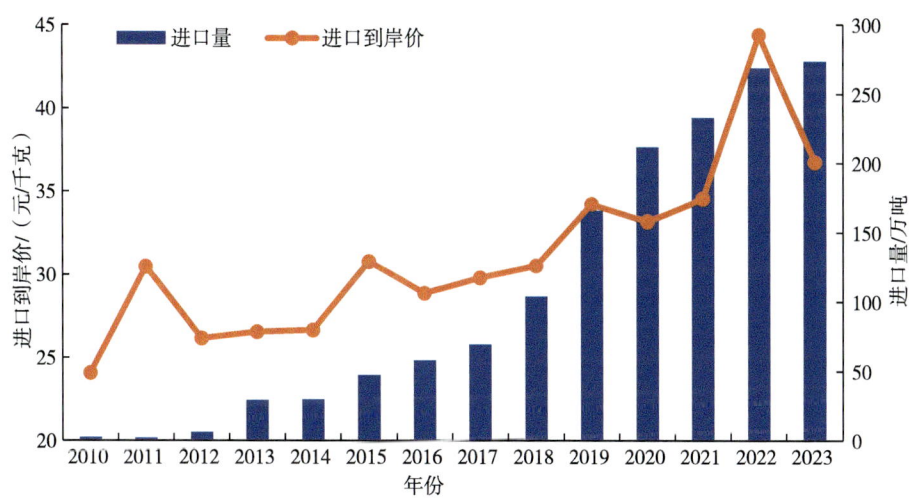

图3-13 2010—2023年中国牛肉进口到岸价变化情况（数据来源：UN Comtrade）

注：进口到岸价按照年度汇率折算成人民币价格。

产能缺口和国内外牛肉价差推动牛肉进口量增长。从产需缺口来看，2000—2023年中国牛肉产量增长速度落后于消费增长速度，牛肉自给率呈下降趋势，牛肉消费量和人均消费量年均增速分别为3.1%和2.6%，受资源禀赋、环境保护以及生产方式等因素影响，中国牛肉产量增长空间有限，同期中国牛肉产量和人均产量年均增速分别为1.7%、

1.2%，自给率由 2000 年 100.2% 降至 2023 年 73.3%，在产需缺口扩大的刺激下，中国牛肉进口量于 2012 年增长速度开始加快，2023 年进口牛肉占国内牛肉供给总量的 26.7%，成为中国牛肉供给的重要组成部分。从国内外价差的角度来看，国内外牛肉价差高位运行刺激进口增长，中国肉牛生产成本与牛肉生产强国相比具有较大差距。例如巴西活牛人民币价格较中国便宜 1/3。过去五年中国白条牛肉批发均价先涨后跌，由 2019 年的 60.3 元/千克增至 2022 年的 74.3 元/千克，2023 年回落至 72.7 元/千克，2024 年上半年进一步降至 66.6 元/千克；同期进口牛肉完税价由 2019 年的 41.8 元/千克增至 2022 年的 54.2 元/千克，2023 年回落至 44.8 元/千克，国内外牛肉价差总体维持在 18～31 元/千克的水平，2021 年最高达到 30.4 元/千克。

3.3.3 牛肉进口来源区域特征及影响因素

牛肉进口市场集中于南美洲和大洋洲。从进口来源集中度来看（表 3-3），巴西、阿根廷、乌拉圭、新西兰和澳大利亚是中国五大牛肉进口来源国，进口量呈增长趋势，占比呈下降趋势。2010 年中国自巴西、阿根廷、乌拉圭、新西兰和澳大利亚五国牛肉进口量占中国进口总量的比重达 99.9%，此后随着牛肉进口来源国数量不断增加，2023 年上述五国占比降至 88.1%。从具体国家来看，中国自巴西、阿根廷和乌拉圭的进口增速远高于澳大利亚和新西兰，2016 年巴西取代澳大利亚成为中国最大的牛肉进口来源国。2015 年中国恢复从巴西进口牛肉以来，自巴西牛肉进口量快速增长，从 5.6 万吨增至 2023 年的 117.7 万吨，年均增长 46.2%；2022 年哈萨克斯坦发生口蹄疫疫情，中国禁止直接或间接从哈萨克斯坦输入偶蹄动物及其相关产品。

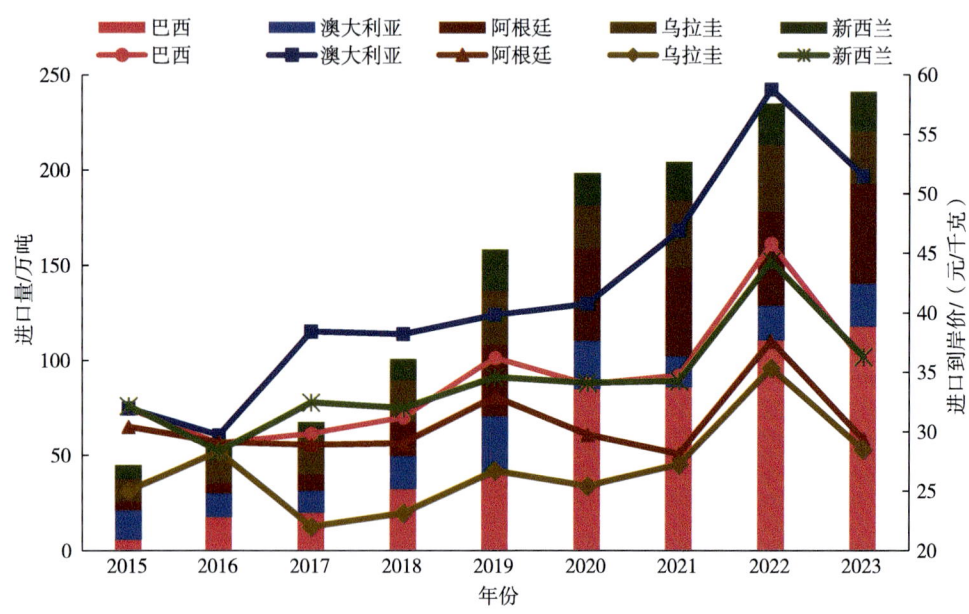

图 3-14 2015—2023 年中国主要牛肉进口来源国牛肉进口量价变化情况（数据来源：UN Comtrade）

注：进口到岸价按照年度汇率折算成人民币价格。

3.4 牛肉进口对国内产业和市场的影响

在牛肉贸易全球化的宏观环境下,由于全球经济一体化进程的加速以及国际贸易关系的日益紧密,国际牛肉供应、国际牛肉价格与牛肉进口、国内牛肉价格的联动效应加强,而中国作为全球最大的牛肉进口国,国际牛肉价格波动和进口波动对中国肉牛市场和产业的传导作用也更为明显。一般而言,在国产牛肉供需偏紧时期,随着国内牛肉需求的不断增长,国内牛肉价格上涨,与国际牛肉价差逐渐拉大,带动牛肉进口量持续增加。进口牛肉的涌入增加了市场牛肉供应总量,起到补充和平衡市场的作用。但当牛肉进口过量且伴随低价优势时,则会对国内牛肉价格形成下行压力,造成养殖场户亏损,进而冲击国内肉牛产业链。

第四章
中国禽肉产品进出口形势及特征

禽肉是中国相对具有国际竞争力的肉类产品，净进口呈现下降趋势。本章首先从全球视角出发，分析禽肉产品生产、消费以及贸易发展趋势；其次，着重分析中国禽肉贸易特征和趋势；再者，研判中国禽肉产品国际竞争力及影响因素，分析出口市场形势及开发潜力；最后，基于案例视角，结合中国禽肉产品出口受阻原因，提出促进禽肉产品贸易相关对策建议。

4.1 全球禽肉生产及贸易形势

4.1.1 全球禽肉生产和消费发展趋势

（1）禽肉产量持续增加，成为最大的肉类品种

全球禽肉产量保持增长态势，主要出口国中巴西禽肉产量增速较快。根据FAO数据显示（图4-1），2000—2022年，全球禽肉产量由6866万吨增长至1.39亿吨，年均增速3.3%。各大洲中，按照产量排名依次是亚洲、北美洲、南美洲、欧洲、非洲、大洋洲。其中，亚洲禽肉产量由2000年的2291万吨增长至2022年的5453万吨，年均增长4.0%；北美洲禽肉产量由1764万吨增长至2356万吨，年均增长1.3%；南美洲禽肉产量由970万吨增长至2312万吨，年均增长4.0%；欧洲禽肉产量由1186万吨增长至2234万吨，年均增长2.9%；非洲禽肉产量由296万吨增长至819万吨，年均增长4.7%；大洋洲禽肉产量由77万吨增长至167万吨，年均增长3.6%。2022年，亚洲、北美洲、南美洲、欧洲、非洲和大洋洲的禽肉产量分别占全球的39.2%、16.9%、16.6%、16.0%、5.9%和1.2%，合计95.8%。2022年，前10大主产国分别为中国、美国、巴西、俄罗斯、印度、印度尼西亚、墨西哥、波兰、埃及以及土耳其，产量分别为2419万吨、2203万吨、1469万吨、531万吨、495万吨、408万吨、380万吨、273万吨、262万吨和248万吨，分别占全球总产量比重的17.4%、15.8%、10.6%、3.8%、3.6%、2.9%、2.7%、2.0%、1.9%和1.8%，合计占62.5%。近年来，各禽肉主产国产量增速减缓，具体来看，美国禽肉产量由1658万吨增长至2203万吨，年均增速1.3%；巴西禽肉产量由612万吨增长至1469万吨，年均增速4.1%；墨西哥禽肉产量由185万吨增长至380万吨，年均增速3.3%。

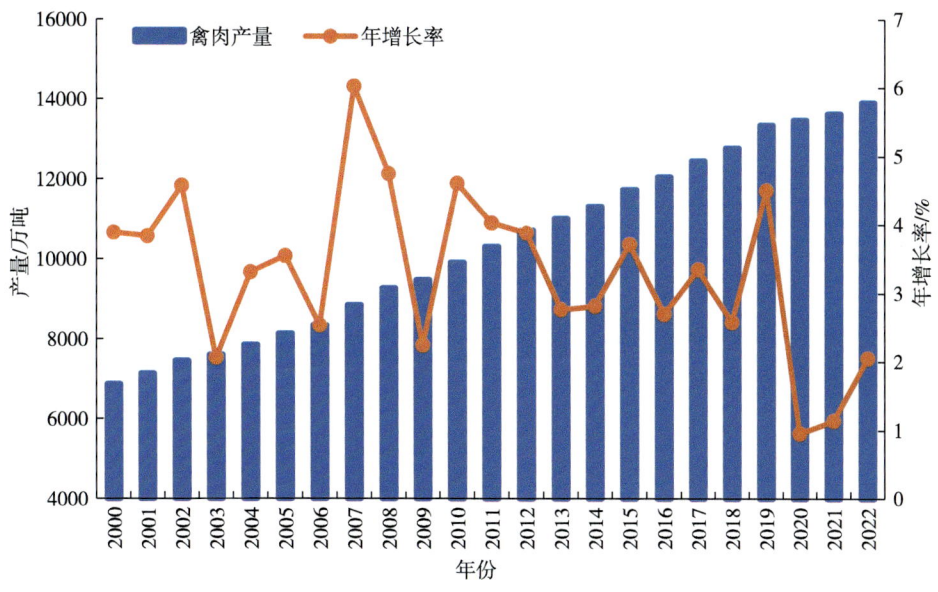

图4-1 2000—2022年全球禽肉产量变化情况（数据来源：FAO）

注：2023年数据为估计值，2024年数据为预测值。

（2）消费与生产同步增加，亚洲消费增长乏力

全球禽肉生产大国基本也是禽肉消费大国，生产与消费增速保持大体相当。根据FAO数据，2022年全球禽肉消费量继续增加，达到1.37亿吨，比2021年增长2.5%（图4-2）。2000年以来，全球禽肉消费年均增长3.3%，2022年禽肉消费量比2000年增长104.7%。全球重要的禽肉消费国家和地区集中在亚洲、美洲、欧洲等禽肉主要生产区域，其中亚洲因人口众多是最重要的消费区域，2022年消费量占比分别为42.9%、33.6%和14.9%，2000—2022年年均增速分别为4.1%、2.5%和2.5%。

图 4-2　2000—2022 年全球禽肉消费量变化情况（数据来源：FAO）

4.1.2　全球禽肉贸易发展趋势及特征

（1）禽肉产品贸易活跃，出口量稳定增长

全球禽肉产品贸易呈现增长态势，近年来出口增速有所放缓，进口增长加快。从进口来看，根据 FAO 数据，2000—2022 年禽肉产品出口量年均增长 4.0%，出口额年均增长 7.4%（图 4-3），在此期间多数年份的禽肉产品出口均增加，仅有 2004 年、2015 年和 2020 年的禽肉出口出现下滑，2022 年禽肉产品出口量 2106 万吨，比 2000 年增长 1.36 倍，出口额 475 亿美元，比 2000 年增长 3.76 倍。从出口来看，2000—2022 年禽肉产品进口量年均增长 4.3%，进口额年均增长 7.6%（图 4-4），在此期间多数年份的禽肉产品

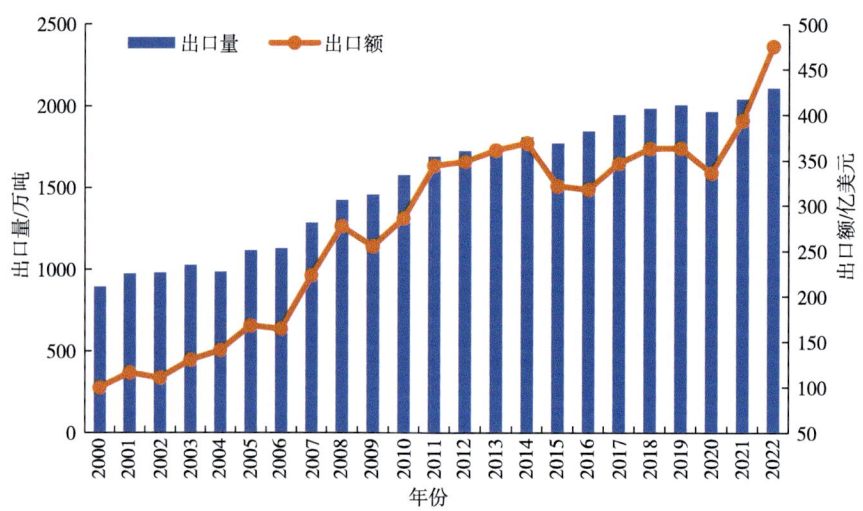

图 4-3　2000—2022 年全球禽肉出口量和出口额变化情况（数据来源：FAO）

进口均增加,仅2004年、2013年、2015年和2020年进口下滑,2022年禽肉产品进口量1969万吨,比2000年增长1.51倍,进口额472亿美元,比2000年增长4倍。

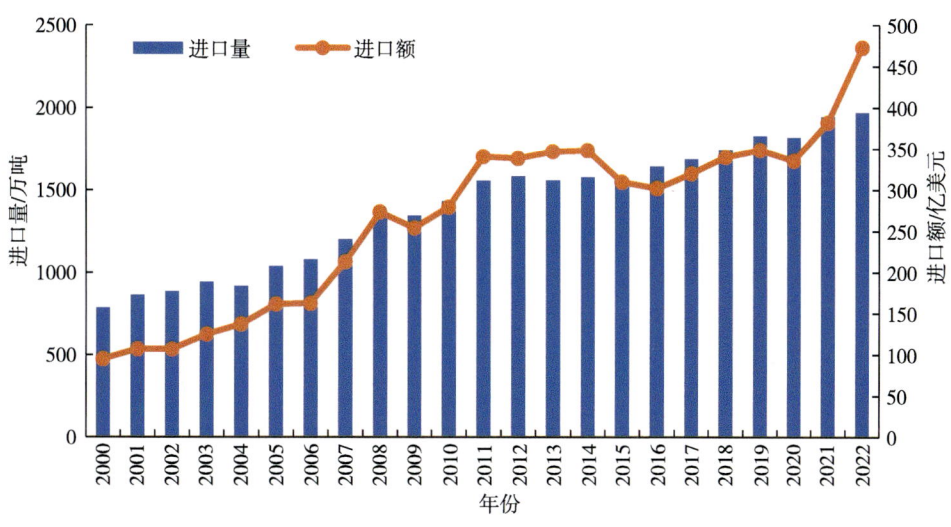

图4-4 2000—2022年全球禽肉进口量和进口额变化情况(数据来源:FAO)

(2)禽肉贸易鲜冷冻鸡肉占据主体、加工禽肉与家禽杂碎增长明显

全球禽肉产品贸易以鲜冷冻鸡肉为主,加工禽肉和家禽杂碎贸易增加趋势明显。从出口产品来看,全球禽肉贸易产品主要是鲜冷冻鸡肉,2000年以来出口量占比维持在77%左右,其次是加工禽肉产品,出口量占比由2000年的6.6%提升至2022年的12.3%。排在第三位的是鲜冷冻火鸡肉,但出口量占比呈下降趋势,由2000年的10.4%降至2022年的4.6%。鲜冷冻鸭肉和鹅肉的占比较小,平均占比分别为1.2%和0.3%,且近年呈下降趋势,2022年的出口量占比分别降至0.9%和0.2%。值得一提的是,2000年以来家禽杂碎的出口呈增加趋势,出口量占比由2000年的1.6%上升至2022年的5.8%。从进口产品来看,全球禽肉进口产品主要是鲜冷冻鸡肉,进口量占比维持在76%左右,其次是加工禽肉产品,进口量占比由2000年的7.4%提升至2022年的11.5%,期间曾在2018年达到13.3%,近5年呈下降态势。鲜冷冻火鸡肉进口位列第三,但进口量占比持续下滑,由2000年的10.2%降至2022年的4.8%。鲜冷冻鸭肉和鹅肉的占比较小,且进口量占比呈下滑趋势,分别由2000年的2.2%、0.7%下降至2022年的0.9%、0.2%。家禽杂碎进口量呈增加趋势,进口量占比由2000年的1.8%上升至2022年的5.8%,2021年曾达到6.1%。

(3)禽肉产品出口市场集中、出口市场相对分散

全球禽肉产品出口市场以欧美国家为主,全球禽肉产品进口市场以亚、非国家为主。从出口市场来看,全球禽肉主要出口市场集中在美洲和欧洲,其中欧盟、巴西、美国以及泰国是主要禽肉出口国家(地区),2022年分别占全球出口量的33.4%、21.8%、

19.1%和6.4%，合计80.7%。近年来，土耳其、阿根廷、乌克兰、俄罗斯的出口增长较快，跃升为比较重要的禽肉出口国。由于国际禽流感疫情频发以及俄乌冲突的影响，近两年禽肉出口受到一定影响。从进口市场来看，全球禽肉进口主要集中在亚洲、欧洲、非洲，其中非洲、中东国家进口呈增加趋势。主要进口国家（地区）有欧盟、中国、墨西哥、阿联酋、沙特阿拉伯、伊拉克、菲律宾以及南非等，2022年分别占全球进口量的26.2%、9.6%、6.9%、5.9%、3.3%、2.9%、2.4%、2.3%和1.9%，合计61.4%。2018年，中国因暴发非洲猪瘟疫情，肉类供应缺口扩大，禽肉进口激增，并于2019年成为全球最大的禽肉进口国。近些年，马来西亚、伊拉克、卡塔尔、越南以及韩国的禽肉进口增速加快。由于土耳其、俄罗斯和乌克兰家禽业的快速发展，禽肉进口减少。

4.1.3 中国禽肉生产、消费及贸易形势

（1）生产快速增长，产量达到历史高位

中国禽肉产量保持较快增速，产量达到新高。根据国家统计局数据，2000—2023年中国禽肉产量由1208万吨增加至2563万吨，年均增长3.3%（图4-5）。过去20多年里，在2003年、2013年、2014年和2017年，中国禽肉生产受到禽流感、H7N9疫情等因素影响，产量有所下滑外其余年份产量均保持增长态势。禽肉产量年增长幅度较大的年份为2019年、2012年、2005年、2007年、2008年，增幅分别为12.3%、7.3%、6.9%、6.9%、6.4%。2023年，受肉禽产能维持高位、新增产能加速释放的影响，中国禽肉生产继续保持高增长态势，禽肉产量创历史新高，比上年增长4.9%。

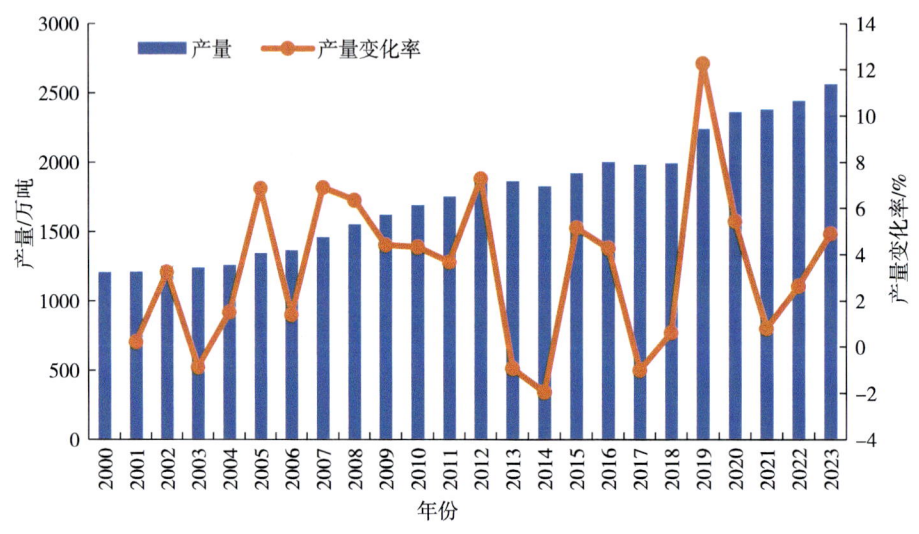

图4-5 2000—2023年中国禽肉产量变化情况（数据来源：国家统计局）

（2）消费快速增长，占肉类消费比重提升

中国禽肉消费量快速增加，在肉类消费中的比重明显提升。2000—2023年，中国禽

肉消费量由1226万吨增加至2626万吨，年均增长3.3%（图4-6），人均禽肉消费量由9.7千克增加至18.6千克，年均增长2.8%（图4-7）。国内禽肉消费的变化基本与产量变化同步，产量下滑的同时禽肉消费也下降。过去20多年，禽肉消费在肉类消费中占比显著提升，由2000年的20.2%增加到2023年的25.6%。2020年，因非洲猪瘟疫情，中国禽肉消费占比曾一度达到28.9%，近3年随着猪肉生产的恢复，禽肉消费占比小幅回落。但是，禽肉作为健康营养的白肉，随着健康消费理念的深入以及绿色消费的发展，未来禽肉消费仍有较大增长空间。

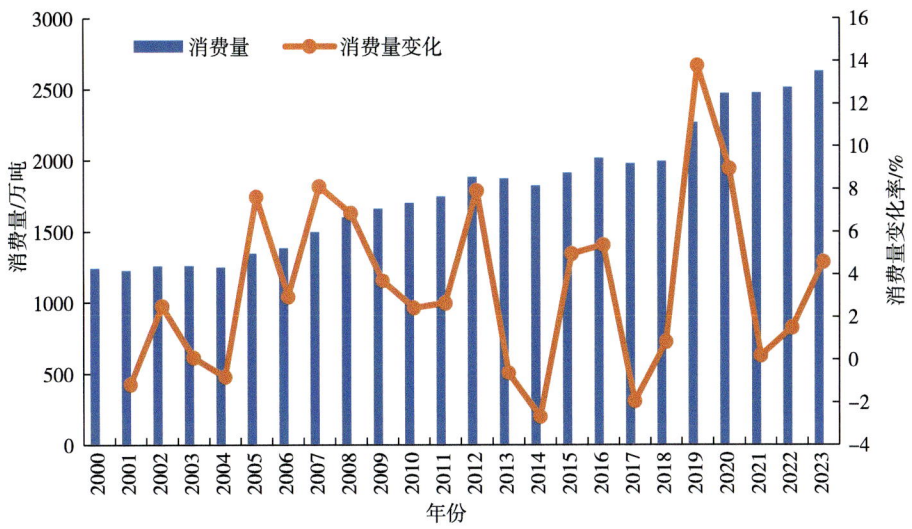

图4-6　2000—2023年中国禽肉消费量变化情况（数据来源：国家统计局、中国海关总署）

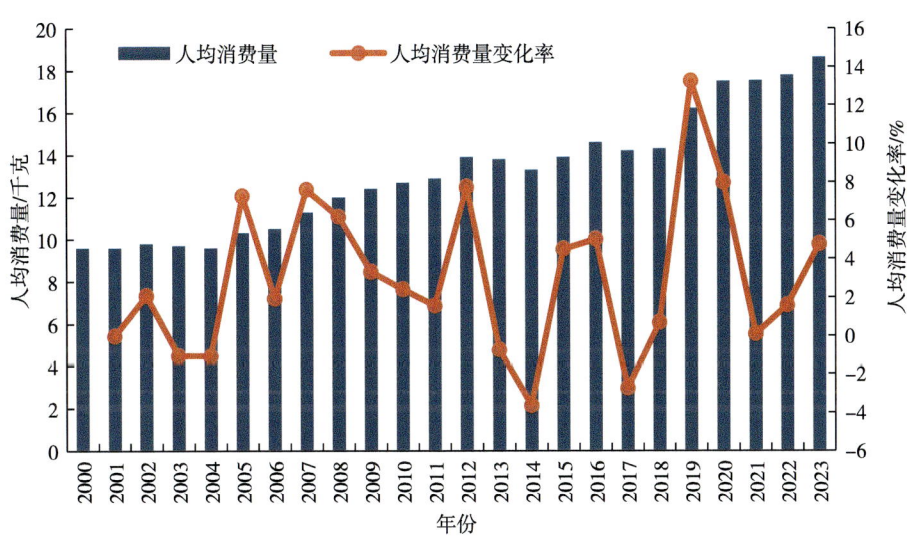

图4-7　2000—2023年中国禽肉人均消费量变化情况
（数据来源：国家统计局、中国海关总署）

（3）贸易比较活跃，出口增势明显

禽肉是中国畜禽产品中比较有出口竞争力的产品，净进口呈缩小趋势。2000—2023年，禽肉产品进出口波动性比较大，年均进口量和出口量分别为72万吨、47万吨，多数年份呈现净进口格局（图4-8），2004年、2011年、2014年、2015年、2017年、2018年呈现净出口格局。禽肉净进口高峰出现在2020年，净进口量高达110万吨，其次分别是2021年95万吨、2022年69万吨、2023年64万吨。虽然2020年以来禽肉净进口维持高位，但进口量呈稳步下滑态势，出口量显著增加，特别是2021年、2022年，禽肉产品出口量分别增长16.9%、17.2%。2023年，中国禽肉进口量大幅减少，出口量持续增加。出口禽肉产品中鲜冷冻禽肉与加工禽肉占据主导地位，尤其是加工禽肉，出口量由2000年的10万吨增长至2023年的34.8万吨，年均增长5.6%，2023年出口39万吨，占当年禽肉产品出口量的52.1%；鲜冷冻禽肉出口由2000年的4.5万吨减少至2004年11.9万吨，之后总体增长，2023年为32.1万吨。

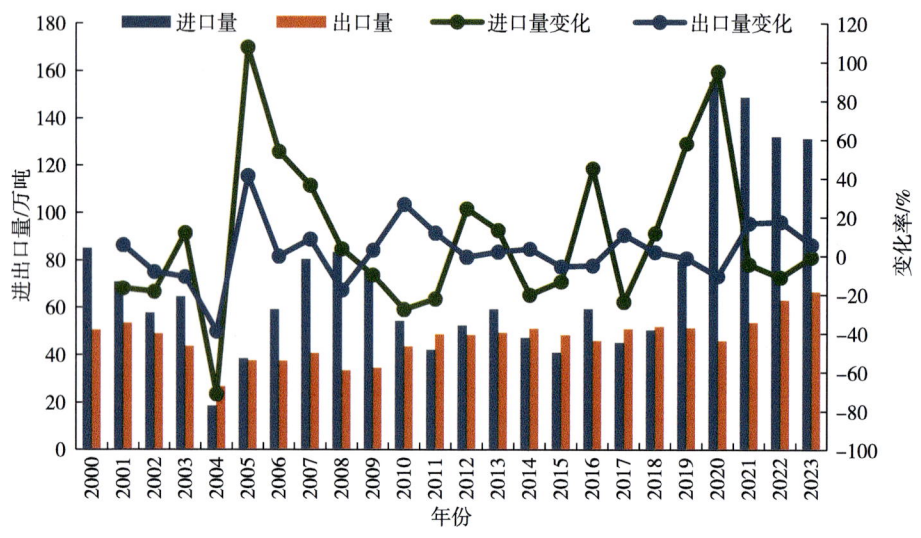

图4-8　2000—2023年中国禽肉产品贸易情况（数据来源：中国海关总署）

注：禽肉贸易产品不包括种禽和活家禽。

4.2　中国禽肉贸易发展特征和趋势

4.2.1　中国家禽产品出口贸易发展趋势及特征

（1）禽肉产品出口形势及市场演变趋势

中国出口禽肉产品主要包括鲜冷冻禽肉及杂碎、加工禽肉、种禽及其他活家禽，其中加工禽肉是出口创汇的主要产品。中国禽肉产品出口保持稳步增加态势，不同禽肉产品的出口量呈动态变化，最初鲜冷冻禽肉及杂碎的出口量较多，随后由于国内禽流感疫情影响，国际市场对禽肉的检验检疫标准严格，加工禽肉成为主流出口产品。2021年以来鲜冷冻禽肉出口增加势头明显，截至2024年，其出口量超过了加工禽肉。

鲜冷冻禽肉出口增加，主要出口周边国家，多元化趋势逐步显现。禽肉出口量大部分年份保持在20万吨以上，其中2003年为27.6万吨，随后下滑到20万吨以内，维持了7年，直至2011年恢复至21万吨，2012—2020年，出口量在19万～25万吨之间波动。自2021年起，鲜冷冻禽肉出口持续较大幅度增加，2023年出口量达到32.1万吨，比2021年的23.8万吨增长34.7%。进入2024年以来，鲜冷冻禽肉出口继续保持良好态势，出口增长主要源于生产企业走出去意愿增强，加大了与"一带一路"国家的禽肉贸易合作。

中国鲜冷冻禽肉出口增加主要源自对国际市场的不断开拓，同时由于禽流感疫情以及各国贸易政策变化的影响，出口市场不断发生演变。过去20多年来，中国鲜冷冻禽肉出口的前十大市场发生了重要变化。从2000年、2010年、2020年、2024年的具体出口市场来看（表4-1），2000年的主要出口市场为日本、中国香港、沙特阿拉伯、瑞士、阿联酋、新加坡、南非、马来西亚、荷兰、韩国，对上述10个出口市场的出口量占鲜冷冻禽肉出口总量的95.3%；2010年的主要出口市场为中国香港、马来西亚、吉尔吉斯斯坦、巴林、中国澳门、阿联酋、阿富汗、伊拉克、亚美尼亚、菲律宾，对上述10个出口市场的出口量占鲜冷冻禽肉出口总量的99.0%；2020年的主要出口市场为中国香港、中国澳门、马来西亚、蒙古国、柬埔寨、巴林、阿富汗、吉尔吉斯斯坦、格鲁吉亚、朝鲜，对上述10个出口市场的出口量占鲜冷冻禽肉出口总量的99.4%；2024年主要出口市场为中

表4-1 2000—2024年中国鲜冷冻禽肉及杂碎前十大出口市场变化趋势

排名	2000年	2010年	2020年	2024年（上半年）
1	日本	中国香港	中国香港	中国香港
2	中国香港	马来西亚	中国澳门	俄罗斯
3	沙特阿拉伯	吉尔吉斯斯坦	马来西亚	吉尔吉斯斯坦
4	瑞士	巴林	蒙古国	蒙古国
5	阿联酋	中国澳门	柬埔寨	马来西亚
6	新加坡	阿联酋	巴林	中国澳门
7	南非	阿富汗	阿富汗	朝鲜
8	马来西亚	伊拉克	吉尔吉斯斯坦	格鲁吉亚
9	荷兰	亚美尼亚	格鲁吉亚	柬埔寨
10	韩国	菲律宾	朝鲜	巴林
出口量累计占比	95.3%	99.0%	99.4%	90.0%
出口市场总数量	60	22	21	46

数据来源：中国海关总署。

国香港、俄罗斯、吉尔吉斯斯坦、蒙古国、马来西亚、中国澳门、朝鲜、格鲁吉亚、柬埔寨、巴林。

目前，中国鲜冷冻禽肉的出口市场与2000年相比已经发生明显变化。一直以来，中国香港和马来西亚是长期的贸易伙伴。2010年以来，吉尔吉斯斯坦、中国澳门、巴林、阿富汗一直保持着重要贸易伙伴地位，其中对巴林、阿富汗的出口份额呈下降态势。2020年以来，蒙古国、柬埔寨、格鲁吉亚和朝鲜成为主要出口市场，其中蒙古国、朝鲜的出口份额有所提升。2024年起，俄罗斯跃升为中国第二大禽肉出口目的国，与此同时，出口市场多元化的趋势愈发明显，前十大出口市场的占比仅为90%，出口国家和地区达到46个，明显多于2020年和2010年的21个、22个，但低于2000年的出口国家和地区数量。

2000年以来，中国加工禽肉出口呈波动增加的趋势。早在2000年，加工禽肉出口量仅为9.9万吨，出口量显著低于鲜冷冻禽肉。此后至2021年，加工禽肉出口量在15万～30万吨之间波动，且大多数年份的出口量都高于鲜冷冻禽肉的出口量。2022年起，加工禽肉出口增加明显，达到35万吨，2023年略有下降，为34.8万吨。进入2024年，加工禽肉保持良好出口势头。

2000年以来，中国加工禽肉最主要的出口市场是日本和中国香港。自2010年起，对欧盟国家的出口逐渐占据重要位置，特别是2020年以来，日本、中国香港、欧盟国家、韩国、菲律宾、新加坡等基本保持最主要的出口市场。从2000年、2010年、2020年、2024年的具体出口市场来看（表4-2），2000年前十大出口市场是日本、中国香港、瑞士、新加坡、美国、沙特阿拉伯、巴布亚新几内亚、阿鲁巴岛、基里巴斯、中国澳门，合计占加工禽肉出口总量的99.3%。到2010年，加工禽肉的出口市场发生明显变化，前十大出口市场是日本、中国香港、英国、韩国、德国、马来西亚、荷兰、比利时、爱尔兰、丹麦，合计占加工禽肉出口总量的99.1%。2020年，中国加工禽肉前十大出口市场分别是日本、中国香港、荷兰、英国、韩国、菲律宾、爱尔兰、德国、新加坡、马里，合计占加工禽肉出口总量的97.3%。与2010年相比，出口市场变化较小，仅有马来西亚、比利时、丹麦3个国家有所替换，部分国家的位次调整。2024年（1—5月）前十大出口市场为日本、中国香港、荷兰、英国、韩国、菲律宾、德国、爱尔兰、阿联酋、新加坡，合计占加工禽肉出口总量的95.3%。与2020年相比，出口市场基本保持稳定，仅有阿联酋跃升入前十，马里退出前十。但从主要市场的出口份额来看，加工禽肉的出口市场表现出多元化趋势，2024年加工禽肉对56个国家和地区出口，与2020年保持一致，比2010年的51个增加5个，比2000年的34个增加22个。

活家禽出口萎缩，自主培育种禽出口竞争力显现。中国活家禽出口呈萎缩态势，近年来种禽出口再现良好势头。早在2000年，中国对中国香港、中国澳门、越南、俄罗斯、蒙古国、马来西亚、缅甸出口活家禽，随后活家禽的出口市场逐步萎缩。到2010年，中国内地仅对中国香港和中国澳门出口活家禽，2020年仅对中国香港和缅甸出口活家禽，2024年只对中国香港出口活家禽，且出口量不大，1—5月共出口123万只，折合重量59.19吨。种禽出口方面，2000年中国对马来西亚、俄罗斯、缅甸、越南、中国澳门、阿联酋出口种禽，2010年和2020年均没有种禽出口。2023年后，随着中国自主培育的肉鸡品种商业化，国产品质和品牌的影响力不断提升，开始对非洲市场出口种禽，2024年中国对坦桑尼亚出口种禽4131只。

表4-2 2000—2024年中国加工禽肉前十大出口市场变化趋势

排名	2000年	2010年	2020年	2024年上半年
1	日本	日本	日本	日本
2	中国香港	中国香港	中国香港	中国香港
3	瑞士	英国	荷兰	荷兰
4	新加坡	韩国	英国	英国
5	美国	德国	韩国	韩国
6	沙特阿拉伯	马来西亚	菲律宾	菲律宾
7	巴布亚新几内亚	荷兰	爱尔兰	德国
8	阿鲁巴岛	比利时	德国	爱尔兰
9	基里巴斯	爱尔兰	新加坡	阿联酋
10	中国澳门	丹麦	马里	新加坡
出口量合计占比	99.3%	99.1%	97.3%	95.3%
出口市场总数量	34	51	56	56

数据来源：中国海关总署。

（2）禽肉产品出口贸易影响因素

中国禽肉产品出口贸易经历了明显的结构性变化。鲜冷冻禽肉出口呈现出先下滑后震荡再恢复提升的发展过程，而加工禽肉出口呈现波动增加的趋势，多数年份加工禽肉的出口量均大于鲜冷冻禽肉出口，特别是近8年一直维持加工禽肉出口高于鲜冷冻禽肉出口的格局。但2023年，鲜冷冻禽肉出口增加趋势凸显，两种产品的出口量差距显著缩小。2000年以来，中国种禽和活家禽出口呈现萎缩态势。自2000年后曾有一段时间基本不出口种禽，直至2023年才开始有少量种禽出口至坦桑尼亚。目前，活家禽仅对中国香港出口，出口量不大。综合来看，中国禽肉产品出口主要受到以下因素的影响：

一是产品竞争力，主要包括质量和价格竞争力两方面。在质量方面，中国禽肉产品要走向国际市场首先必须满足贸易对象国的检验检疫标准，一些国家的兽药残留、疫病管理、生产过程卫生控制等食品安全标准相对严苛，比如欧盟国家，为此中国只能对其出口加工产品，一些周边国家的检验检疫标准相对宽松，从而可以出口鲜冷冻禽肉产品。在价格方面，由于中国与美国、巴西等禽肉出口大国相比缺乏饲料成本优势，导致价格竞争力较弱，但波动的国际局势下各国养殖成本、运输成本提高造成的禽肉产品涨价，也是不可忽视的因素。因此，中国可以发挥地理位置优势，利用地缘政治、短距离运输成本优势和贸易便利化措施等有针对性地开拓亚洲、非洲和欧洲市场。

二是贸易对象国政策变化，如进口禁令、配额限制、关税措施等影响。全球禽肉贸易往往会受到禽流感疫情的巨大影响，一旦某国发生禽流感疫情，一些国家会采取贸易禁令，进而导致出口受阻或者出口市场改变。中国曾于2003年、2013年、2014年和2017年受到禽流感波及。2022年美国、法国、波兰等国发生禽流感，东亚、东南亚许多国家和地区采取进口禁令，导致中国禽肉出口增加。此外，一些国家或地区为保护本国家禽产业，会采取进口配额限制或者征收关税的措施，比如欧盟、南非，一旦贸易对象国采取相应措施，必将影响中国禽肉产品出口。

三是国际汇率波动，影响国际市场需求。国际汇率波动会影响主要出口国的价格优势，当出口国汇率贬值时出口价格通常会比较低，有利于扩大出口。随着国际汇率的波动，主要消费国的进口需求不断发生变化，国际需求格局也会发生改变，进而影响中国禽肉产品的出口量和出口市场流向。截至2023年，中国禽肉产品出口市场与2000年时相比已经发生了重大改变。总体来看，国际汇率波动对出口市场的影响存在较大的不确定性。

4.2.2 中国家禽产品进口贸易发展趋势及特征

（1）禽肉产品进口形势及市场演变趋势

中国进口禽肉产品主要包括种禽、鲜冷冻禽肉及杂碎、加工禽肉，其中鲜冷冻禽肉及杂碎是进口产品的主体。

种禽进口依赖度高，主要来自美国。过去，中国白羽肉鸡祖代种鸡100%依靠进口，近3年来由于国际禽流感疫情种禽进口受阻以及国内自主培育的品种商业化，自主繁育更新的比例开始增大，尤其是从2024年开始，种禽进口恢复较快。中国种禽进口主要来自美国，其间由于美国暴发禽流感疫情，曾一度减少从美国的进口，转向新西兰和加拿大，实际上新西兰的种禽生产企业也是美国的公司。从种禽进口市场的演变来看，早在2000年进口来源国还比较多，包括美国、法国、荷兰、英国、德国；2010年主要从美国、荷兰、法国、匈牙利进口；2020年主要从新西兰、加拿大、美国进口；2024年，种禽进口来自美国和新西兰，其中主要是美国。

鲜冷冻禽肉及杂碎进口量波动性大，进口来源国动态变化。中国禽肉进口主要是鲜冷冻禽肉及杂碎，占比高达99%。2000年以来，鲜冷冻禽肉进口量先减少后增加再减少。2000年的进口量为85万吨，随后下滑，2004年进口量不足20万吨，2005年开始恢复增加，2008年增加至83万吨，随后震荡下滑，在41万～75万吨之间波动，2019年因国内暴发非洲猪瘟疫情，进口量增加至79.5万吨，2020年猛增至155万吨，随后3年进口量缓步回落，2023年降至131.6万吨。2024年，禽肉进口继续大幅减少。禽肉进口明显减少的原因主要是国内市场供应充足，价格低位运行，出口优势提升。

2000年以来，中国禽肉进口市场格局发生了比较明显的改变，但美国一直是重要的进口来源国，巴西后来居上成为第一大进口来源国（表4-3）。2000年，中国禽肉进口主要来自美国、加拿大、英国、泰国、阿根廷、荷兰、智利、土耳其、澳大利亚、德国等，上述10个国家合计占进口总量的95.2%。2010年，禽肉进口主要来自巴西、阿根廷、美国、智利、法国、加拿大、比利时、丹麦、韩国，上述9个国家合计占进口总量的100%。2020年，禽肉进口主要来自巴西、美国、俄罗斯、泰国、阿根廷、智利、白俄罗斯、法国、波兰、土耳其，上述10个国家的进口量占进口总量的100%。由于美国、法国、波兰、阿根廷、智利、土耳其、泰国等先后发生禽流感疫情，中国采取了封关措施，禽肉进口市场发生转移，新开拓了俄罗斯、白俄罗斯、哈萨克斯坦、乌兹别克斯坦、吉尔吉斯斯坦等。2024年，禽肉进口主要来自巴西、俄罗斯、泰国、美国、白俄罗斯、乌兹别克斯坦、吉尔吉斯斯坦。2024年，中国先后对法国、波兰、阿根廷禽肉复关，也与哈萨克斯坦签署了进口禽肉贸易协定，预计后期的禽肉进口市场会朝着多元化方向发展。

表4-3 2000—2024年中国鲜冷冻禽肉前十大进口市场演变趋势

排名	2000年	2010年	2020年	2024年上半年
1	美国	巴西	巴西	巴西
2	加拿大	阿根廷	美国	俄罗斯
3	英国	美国	俄罗斯	泰国
4	泰国	智利	泰国	美国
5	阿根廷	法国	阿根廷	白俄罗斯
6	荷兰	加拿大	智利	乌兹别克斯坦
7	智利	比利时	白俄罗斯	吉尔吉斯斯坦
8	土耳其	丹麦	法国	—
9	澳大利亚	韩国	波兰	—
10	德国	—	土耳其	—
进口量合计占比	95.2%	100%	100%	100%

数据来源：中国海关总署。

加工禽肉进口微量，进口来源国趋于单一。中国加工禽肉进口量很少，进口量最高的年份是2023年，进口量1万吨，其次是2013年7000余吨、2020年4000余吨，其余年份进口量仅几百吨到一两千吨。总体看，近两年加工禽肉的进口增势明显。加工禽肉的进口来源国逐步趋于单一。早在2000年，加工禽肉主要从加拿大、美国、荷兰、智利、南非、法国、日本、德国、意大利等国家进口；2010年主要从美国、约旦、英国、法国、新加坡、日本进口；2020年主要从韩国、美国、泰国进口；2024年，主要从美国进口。

（2）禽肉产品进口贸易影响因素

中国禽肉进口的主要产品是鸡爪、鸡翅、冻鸡块、整只冻鸡、整只冻鸭、禽杂碎，其中鸡爪的进口占比接近50%。中国禽肉进口主要是受国内消费偏好的影响，进口消费互补性的产品。综合来看，影响禽肉进口的因素主要包括：

一是国内外差异化的消费需求。禽肉进口主要受国内供需格局的影响，当国内供应充足、价格偏低时，鸡块、整鸡进口量会减少，鸡爪、鸡翅等都是国人偏好的消费品类，进口会保持一定的规模。当国内供应偏紧、无法完全满足消费需求且价格高涨时，鸡块、整鸡、鸡爪、鸡翅等进口均会增加。相对来说，因国外禽肉价格低廉，具有一定的竞争优势。因此，国内需求是影响进口的根本因素。

二是市场价格竞争力。中国禽肉进口的另一重要驱动因素是国外禽肉价格低廉，国内外价差大刺激贸易商扩大进口。自2010年以来巴西一直是最大的禽肉进口来源国，一方面是因为巴西基本没有发生禽流感疫情，另一方面是因为巴西家禽业的快速崛起，凭借其低廉的饲料成本优势，快速占领国际市场，目前巴西禽肉在世界禽肉出口市场上的竞争力较强。近两年，中国禽肉进口中冻鸡块的占比有所上升，这也从侧面反映出国外禽肉的价格竞争优势。

三是禽流感疫情等引发的贸易政策调整。中国禽肉进口市场的演变，很大程度上是因为主要贸易国暴发禽流感疫情，中国采取了相应封关措施。特别是2020年以来因禽流感疫情，禽肉进口来源国发生明显变化。2024年，为平抑国内鸡肉价格上涨，土耳其出台限制禽肉出口的政策，每月最高出口限额为1万吨，政策执行期8个月（5月1日—12月31日）。2024年7月19日，巴西突发新城疫疫情，暂停对中国出口禽肉产品，7月27日巴西宣布疫情结束，巴西对华禽肉出口恢复。2024年5月1日，中厄自贸协定生效实施，厄瓜多尔家禽养殖业计划增产5000吨鸡肉，扩大对华出口。与此同时，中国也根据外交战略，积极拓展与中亚国家、俄罗斯的禽肉贸易，双方签署禽肉进出口检验检疫协定，使得双向贸易日渐活跃。在种禽进口方面，受到禽流感疫情的影响更为明显，曾一度因种禽引进受阻，导致国内禽肉供应偏紧、价格上行。

4.3 中国禽肉产品竞争力

4.3.1 中国禽肉产品国际竞争力比较及其影响因素

（1）中国禽肉产品出口竞争力

中国禽肉产品的国际竞争力可以从两方面进行比较分析，一是贸易竞争优势指数（TC），二是价格竞争力。从贸易竞争优势指数看，目前中国禽肉贸易为逆差格局，竞争优势指数为负,但正在逐步提升(表4-4)。2000年以来,全球禽肉贸易最具竞争优势的国家是巴西和泰国,竞争优势指数接近1,且呈基本稳定态势。其次是阿根廷、土耳其,但这两国的贸易竞争优势指数呈先升后降趋势,2022年分别为0.817、0.837。美国禽肉贸易竞争优势指数呈持续下降态势,由2000年的0.953降至2022年的0.659。智利和欧盟的竞争优势呈震荡下滑态势,2022年的竞争优势指数分别为0.259、0.124。值得关注的是,乌克兰和俄罗斯的禽肉出口竞争优势明显提升,特别是俄罗斯增速较快,竞争优势指数从2000年的-0.980跃升至2022年的0.639。2022年,乌克兰的竞争优势指数为0.889,跃升为全球第三位具有禽肉贸易优势的国家,仅次于巴西和泰国。中国禽肉贸易竞争力波动性较大,2005年时优势指数达到最高值0.447,随后震荡下滑,2020年时由正转负,近年缓步上升。综上,中国禽肉产品出口竞争力还不强,尚不能在世界市场上占有一席之地。

表4-4 2000—2022年世界主要禽肉出口国(地区)贸易竞争优势指数变化趋势

排名	2000年	2005年	2010年	2015年	2020年	2022年	变化趋势
巴西	0.998	1.000	0.999	0.997	0.996	0.997	基本稳定
泰国	0.998	0.996	0.996	0.992	0.996	0.996	基本稳定
阿根廷	-0.534	0.882	0.881	0.973	0.940	0.817	先升后降
土耳其	0.722	0.985	0.991	0.991	0.880	0.837	先升后降
美国	0.953	0.904	0.877	0.767	0.753	0.695	持续下降
乌克兰	-0.940	-0.866	-0.634	0.696	0.815	0.889	快速上升
智利	0.961	0.825	0.315	0.447	0.379	0.259	震荡下降
俄罗斯	-0.980	-0.982	-0.958	-0.631	0.144	0.639	快速上升
欧盟	0.207	0.555	0.114	0.140	0.144	0.124	震荡下降
中国	0.296	0.447	0.153	0.277	-0.368	-0.304	缓步上升

数据来源:联合国粮食及农业组织,作者计算。

注:贸易竞争优势指数计算公式,$TC=(X_{it}-M_{it})/(X_{it}+M_{it})$,其中 X、M 分别表示禽肉出口额和进口额。

从出口价格竞争优势看,中国禽肉与美国、巴西相比不具备价格竞争力。美国和巴西主要得益于丰富的饲料原料和低廉的饲料成本,具备显著的价格竞争优势。如表4-5所示,2013—2023年,中国与美国禽肉出口价格的价差在每吨1000美元以上,2019年最高时曾达到1900美元,2023年价差有明显缩小,降至1260美元,为近10年来的最低价差。相对来讲,中国禽肉出口拥有一定的价格优势,主要是考虑进口市场的区隔以及地理位置优势。2018—2021年,中国与巴西的禽肉出口价格的价差也在每吨1000美元以上,而2013—2017年价差500~900美元,2022年以来价差逐步缩小,2023年价差缩小至655美元,为近10年来的最低。因此,当前中国禽肉出口的价格优势有所显现,为进一步开拓国际市场提供了重要条件保障。

表 4-5 2013—2023 年美国、巴西、中国禽肉出口价格比较

年份	美国	巴西	中国	美中价差	巴中价差
2013	1229	1972	2537	−1308	−565
2014	1205	1886	2562	−1357	−676
2015	1002	1604	2459	−1457	−855
2016	914	1501	2364	−1450	−863
2017	1000	1631	2318	−1318	−687
2018	970	1537	2625	−1655	−1088
2019	972	1618	2872	−1900	−1254
2020	962	1407	2761	−1799	−1354
2021	1164	1626	2879	−1715	−1253
2022	1338	1985	2749	−1411	−764
2023	1251	1856	2511	−1260	−655

数据来源：联合国粮食及农业组织、中国海关总署。

注：价格竞争优势基于美国、巴西、中国的禽肉出口价格比较，其中，美国禽肉出口价格为鲜冷冻鸡肉分割品和食用杂碎价格；巴西禽肉出口价格为鲜冷冻禽肉及杂碎价格；中国禽肉出口价格为鲜冷冻禽肉及杂碎价格。

（2）中国禽肉产品出口竞争力影响因素

影响中国禽肉产品贸易竞争力的主要因素是饲料成本和产品品质。由于中国玉米、大豆等饲料成本显著高于巴西、美国，高生产成本导致禽肉价格偏高，从而丧失了价格竞争力。以 2023 年为例，中国玉米、大豆和豆粕价格每千克分别为 2.97 元、5.82 元、4.61 元，巴西玉米和豆粕价格每千克分别为 1.06 雷亚尔、2.60 雷亚尔（分别折合人民币 1.50 元、2.92 元），中国玉米和豆粕价格分别比巴西高 1.83 倍和 57.9%。美国玉米、大豆价格每千克分别为 0.18 美元、0.47 美元（分别折合人民币 1.28 元、3.30 元），中国玉米和大豆价格分别比美国高 1.32 倍和 76.4%。

此外，中国禽肉产品因兽药残留、疫情管理等，在品质上会受到国际检验检疫标准的制约。根据美国、欧盟等国家的进口标准要求，只有符合检验标准的高品质禽肉才能出口。多年来，中国中小企业的非标准化生产，缺乏严格的质量监控，导致禽肉产品在打开国际市场时受阻，严重影响了国际竞争力。

4.3.2 未来中国禽肉产品出口形势及出口市场开发潜力

（1）中国禽肉产品出口形势研判

中国禽肉产品出口主要受国际需求的影响。2024 年，随着全球饲料成本降低，一些国家的通货膨胀率下降、居民收入增加，全球禽肉消费需求逐渐上升，可能会使全球贸易增加。目前，全球禽肉贸易市场扩张面临的最直接挑战是中东航线持续中断，此外黑海地缘政治局势和巴拿马运河水位下降也令人担忧，由于这些困难导致贸易船舶航线发

生改变，既影响直接成本也影响间接成本。直接成本包括时间延误、运输成本增加。间接成本方面，家禽生产所需的投入品，如饲料、饲料添加剂、药物、设备等投入成本也可能上升。由于运输困难，可能会导致区域内贸易水平提升，从而为中国增加禽肉产品出口提供了新机遇。

（2）出口市场开发潜力

从全球禽肉消费市场规模看，全球禽肉消费约 1.45 亿吨，其中鸡肉消费占 70%。鸡肉消费大国分别为美国、中国、巴西、欧盟、墨西哥、俄罗斯、日本、英国、泰国、阿根廷、埃及，2023 年上述 11 个国家鸡肉消费量占全球鸡肉总消费量的 74%。在禽肉消费大国中，中国、欧盟、日本、墨西哥、俄罗斯、英国都是重要的禽肉进口国。此外，随着中东和非洲国家的经济发展，禽肉消费增长趋势明显，禽肉进口需求也较大，将会成为全球重要的禽肉进口贸易地区。

从全球禽肉贸易增长率看，全球禽肉贸易规模在 2000 万吨左右，禽肉贸易保持较快增速，过去 20 年来年均增长 4.0%。禽肉作为廉价、优质的动物蛋白质，对于满足低收入国家居民的营养需求具有重要的意义，禽肉贸易是畜产品中贸易发展势头最好的品种。尽管最近两年受禽流感疫情以及俄乌冲突、中东战争等地缘政治冲突事件的影响，贸易增速有所放缓，预计未来禽肉贸易继续保持增长势头。

从出口竞争环境看，中国禽肉出口面临着来自巴西、美国、欧盟、泰国等世界主要禽肉出口市场的竞争。2019 年以来，巴西在世界禽肉出口市场上的地位不断增强，出口份额由 30% 提升至 36%；美国的出口份额有小幅下降，从 25% 降至 23%。尽管美国和巴西占据世界近 60% 的禽肉出口份额，但中国禽肉在亚洲、非洲和欧洲市场仍有一定的竞争力，特别是在地缘政治的影响下，与战略合作伙伴之间的禽肉贸易空间较大。

从消费者需求和市场趋势来看，禽肉具有绿色低碳的特点，符合未来可持续发展目标，叠加健康消费理念的深入，消费需求将继续增长，全球贸易市场继续扩大。近年来，中国不断重视食品安全领域，随着规模养殖场、自养小区占比的提高，产品药残控制、质量品控方面不断进步，符合出口规范的企业数量不断增多。中国肉禽企业积极开发调理品、预制菜等多元化禽肉产品，并充分抓住欧美因禽流感疫情频发引致贸易丧失的窗口期，拓展多元化出口市场。综合来看，中国禽肉产品出口具有巨大的市场开发潜力，特别是对亚洲和非洲市场。

4.4 中国禽肉产品贸易引进来、走出去案例剖析

4.4.1 禽肉产品进口对国内家禽产业的溢出效应

中国禽肉产品进口量占国内消费总量的比重不大，对国内市场的影响相对较小。进

入21世纪以来，禽肉进口占比最高的年份是2000年，为6.9%，其次是2020年，为6.3%，2021年以后逐步下滑，2023年降至5.0%，仍高于2010—2019年的均值3%。通常来讲，禽肉进口与国内市场价格有很高的相关性，当国内市场价格较高而国外价格偏低时，会刺激贸易商增加进口。进口有利于保障国内供应，平抑国内市场价格，与此同时，进口量过多也会对国内产业造成冲击，影响产业效益。纵观近十多年来的禽肉进口变化和市场价格变化，多数年份禽肉进口增减与价格涨跌呈反向关系，即进口量减少时，国内市场价格上涨，进口量增加时，国内市场价格下跌。2012年、2017年、2018年、2019年的禽肉进口量增减与国内市场价格涨跌同向，即进口减少，价格下跌，进口增加，价格上涨。中国进口禽肉的产品主要是鸡爪、鸡杂等副产品，满足国内消费品类的互补性，缺乏进口的技术溢出效应，但祖代种鸡的进口，能够间接促进中国育种技术进步，为家禽产业健康稳定发展提供重要保障。

4.4.2 禽肉产品走出去受阻瓶颈及对策

首先，全球禽肉消费需求与经济发展水平高度相关，新冠疫情后全球经济复苏缓慢，叠加俄乌冲突、中东战争、红海危机等地缘政治因素影响，全球粮食安全受到冲击，各国经济发展滞缓，部分国家通货膨胀严重，全球禽肉消费增长速度放缓，制约了贸易需求，这导致中国禽肉产品走出去面临外需不足的挑战。其次，中国禽肉产品走出去需要严格遵循国外食品安全标准，提升产品质量和服务水平。随着行业竞争的加剧和市场环境的变化，出口企业面临诸多挑战。企业需要及时关注主要贸易地区食品法规的更新情况，及时做好相关内容变更并获得新版兽医卫生证书，以有效应对国外新标准新要求。

针对上述瓶颈问题，出口企业需要及时研判国内外市场变化，适时调整策略，精准发力，合理利用国内外两个市场。在拓展产品出口市场方面，禽肉加工企业要建立严格的质量体系，并与海关、兽医等部门的日常查验、残留监控、合规指导等官方监管措施有机结合，推动全产业链条的质量监控，采信第三方认证、企业自检结果，使产品实现国内国际两个标准"双重符合"。联合多方力量强化针对海外目标市场的法规、限量标准、通关要求等信息搜集，以及关注国外监管标准和要求的最新变化，确保企业食品安全体系等效或等同进口国要求。海关部门要推出鲜冻食品农产品出口"绿色通道"，提供预约申报、优先受理、优先检疫、快速出证、"云签发"等便利化服务，助力企业出口产品实现快速通关。

4.4.3 禽肉产品贸易走出去案例

中国禽肉产品出口会面临检验检疫不合格的情况，影响了产品国际声誉。例如，2024年7月19日，俄罗斯兽医和植物卫生监督局通报，在进口中国的一批重约27吨的冷冻鸡胸肉（去骨带皮）中检出沙门菌，检测结果被录入俄罗斯兽医自动化系统中，不合格产品已从市场召回。

中国禽肉产品出口面临通关效率不高的挑战，海关部门发挥着关键作用。山东青岛禽肉企业2024年上半年出口增长31.7%，其中青岛九联、六和万福出口订单猛增。青岛九联集团是一家集种禽繁育、饲料生产、肉鸡养殖、屠宰冷藏、食品加工、出口贸易于一体的农业产业化国家重点龙头企业。其出口的鸡肉熟制品需进行严格的原料验收、分割、投料、油炸、金属检测、包装、装箱等工序操作。由于采取现代化的生产加工技术，严格遵循国内外食品安全标准，不断提升产品质量和服务水平，发展态势良好。随着全球市场对高质量禽肉产品需求的增长，产品销往俄罗斯、吉尔吉斯斯坦、欧盟等国家和地区。随着行业竞争加剧和市场环境的变化，企业面临诸多挑战。过去几年因新冠疫情订单较少，现如今订单猛增，企业面临着提升交付速度和缩短通关时间的挑战。同时，企业也遇到欧盟的熟制禽肉兽医卫生证书模板不定期更新的情况，严重影响了通关效率。面对上述问题，青岛大港海关指派专人紧盯主要贸易地区食品法规官网的相关法规更新情况，及时指导企业做好相关内容变更并签发新版兽医卫生证，帮助禽肉出口企业有效应对国外新标准新要求。同时，强化日常检查、残留监控、合规指导等官方监管措施，确保产品实现国内国际双标准。

青岛六和万福食品有限公司是一家禽肉和偶蹄类动物产品生产企业，产品主要出口日本、韩国。2024年，公司面临应对国外客户需求和市场需求变化的挑战，在维持现有订单基础上，拓展了鸭油出口业务，海关部门在技术支持和通关流程方面的指导和帮助，助力企业获得更多新订单。为助力企业抢占海外市场，海关针对企业新产品研发情况，组织专家团队提前开展管理体系、技术性贸易措施研究，开展送政策上门活动，从原料、加工、存储、运输等方面为企业进行宣讲，加强对企业加工车间环境、HACCP体系运行、人员资质等方面的监管，加大疫病疫情监测和农兽药残留监控力度，排查生产加工过程中的管理薄弱环节和风险隐患。2024年上半年，公司出口禽肉5195万吨，同比增长38.2%，预计全年出口量可达10800吨以上，同比增长约22.4%。

2024年以来，中国肉禽企业积极开拓国际新市场并取得巨大成功，一些典型案例如下：

一是湖南湘佳鸡肉首次出口我国香港地区。湖南润乐食品有限公司是湖南湘佳牧业股份有限公司的控股子公司，年产6万吨优质冷鲜禽肉及分割品。该公司是长沙一家家禽集中屠宰示范企业，也是长沙唯一一家取得家禽屠宰证的企业。2024年6月29日，公司的8.88吨鸡肉顺利抵港，成为湖南首次开展冰鲜禽肉供港业务的公司。公司在海关等政府部门的协助下取得供港资质后，首次实现出口，公司将不断提升供港产品的供应链效率，并保障食品安全。与此同时，公司也可以向一些东南亚国家出口，下一步将开拓马来西亚、越南、泰国等东南亚地区的市场渠道，提供更多品质达标、绿色健康的冰鲜禽肉，推动湘佳品牌沿着"一带一路"大市场走去。

二是大成农牧（铁岭）有限公司对俄罗斯出口注册获得批准。大成农牧（铁岭）有限公司是辽北地区集饲料生产、孵化、肉鸡养殖、屠宰及肉品深加工"一条龙产业链"的省级农业产业化重点龙头企业。公司生产冻、鲜等精加工品、调理产品，产品出口日本、中国香港地区。2024年6月14日，俄罗斯联邦兽医和植物卫生监督局宣布，大成农牧（铁岭）有限公司对俄罗斯出口注册获得批准。自此，该公司成为辽宁地区首家对俄罗斯出口的禽肉屠宰企业。公司通过FSSC22000食品安全管理体系认证、"同线同标同质"工程、追溯质量安全保障系统，致力于为国际市场提供高品质禽肉产品。

三是禾丰子公司沈阳华康新新食品有限公司对俄罗斯出口禽肉产品。沈阳华康新新食品有限公司成立于2017年3月22日，经营范围包括食品制造、销售；自营和代理各类商品和技术的进出口。华康新新食品有限公司自2024年2月末向沈阳海关提请注册俄罗斯出口资质，历时4个月正式获得俄罗斯政府的批准，7月30日成功将首批100吨鸡肉产品发往俄罗斯。公司是全国唯一一家非屠宰加工厂成功注册的禽肉深加工企业，其成功完成对俄罗斯出口的注册流程，标志着国际化战略布局的新里程碑。

四是山东中新食品禽肉产品实现首次出口。山东中新食品集团是中牧集团控股企业，2024年与利比亚签订独家代理协议，标志着中新食品禽肉产品实现首次出口。中新食品作为国内大型禽肉食品生产企业，注重把控产品质量，打造了从养殖到餐桌的禽肉全产业链。在食品安全方面，严格执行标准，建立健全食品安全管理体系，从源头到成品层层把关，确保禽肉产品安全。中新食品与宁波外贸公司达成的出口战略合作，为其产品出口提供了有力支持。

五是山东潍坊惠发食品有限公司鸡肉产品首次出口尼日利亚。山东惠发食品有限公司于2024年5月28日发运80多吨速冻肉制品，首次向尼日利亚出口鸡肉产品。这些产品根据当地的口味和市场需求定制加工。为助力企业顺利出海，潍坊海关提前介入，全方位解析非洲方面的出口标准，帮助和指导企业。同时，为企业开通绿色通道，第一时间出具检疫证书、原产地证书等各类证书，保障货物顺利出口。除外贸出口政策宣传外，潍坊地方政府积极组织企业赴尼日利亚等国开展经贸交流考察。访问期间，惠发食品有限公司成功与非洲阳光地带集团签署战略合作协议，一个月内完成向尼日利亚出口鸡肉深加工产品的各项准备，实现了诸城乃至潍坊地区出口史的新突破。未来，惠发食品有限公司不仅出口禽肉产品，还可能走出去在当地建加工厂，建设市场渠道，将中国的产业模式输出到非洲。

六是圣农集团进军非洲市场，竞争全球白羽肉鸡育种市场。2024年5月24日，3500套"圣泽901"父母代种鸡雏通过广州机场空运非洲，26日顺利抵达坦桑尼亚，标志着"圣泽901"种鸡首次走出国门，进军非洲种鸡市场。2011年，圣农集团启动白羽肉鸡育种工程，2019年自主研发出具有完全知识产权的首个国产四系配套白羽肉鸡新品种"圣泽901"。该品种种源干净、生长速度快、成活率高、产蛋率高、料肉比低（平养条件下1.423，笼养条件下1.39），性能指标达到国际先进水平，部分性能指标超过国外品种。在农业农村部、海关等部门的大力支持下，"圣泽901"种鸡顺利出口坦桑尼亚，取得不错反响，公司正和数个国家洽谈出口事宜，未来将扩大非洲市场，并有望打入欧洲、东盟、中亚、中东国家市场。值得一提的是，2023年6月，中国自主培育的沃德188白羽肉种鸡便实现了种禽首次出口非洲。

总体来看，中国肉禽企业正在集中发力，积极布局海外市场。在企业贸易走出去的过程中面临一些问题，但在农业农村部、海关等政府部门的大力支持下，禽肉产品贸易走出去的步伐更加坚定有力，无论是国产种禽、冰鲜产品还是加工制品，未来禽肉出口贸易增长前景可期。

需要注意的是，黄羽肉鸡作为中国本土地方品种，种质资源丰富，育种体系完善，在种源自主性、供应能力上优势明显。相较于白羽肉鸡，黄羽肉鸡适应性强，在养殖条件有限的地区更具竞争力，特别是能更好地适应非洲的养殖条件，而且与越南、老挝等东南亚国家的养殖模式相近，为其出口带来了机遇。但是，黄羽肉鸡出口需考量当地的饮食习惯、产业配套和消费力等，黄羽肉鸡的消费市场区域性特征比较明显，在泰国、缅甸、柬埔寨等东南亚国家，白羽肉鸡性价比更高，黄羽肉鸡价格贵，消费者的接受度会低。对黄羽肉鸡走出去而言，需要考虑产业配套，包括从种源到下游食品加工，需以"企业引进"的模式输出配套产业链并不断完善优化。黄羽肉鸡出口是中国家禽品种国际化的重要一环，机遇与挑战并存，应该通盘考虑国际合作、生态风险评估、检疫要求等政治性、生物性因素，其出口可能是未来行业破局发展的关键途径。

第五章
肉类进口与国内外市场的关系
——以猪肉、牛肉为例

中国肉类进口量呈现高位给国内肉类供给安全、肉类市场价格稳定带来不确定性影响。因此，以猪肉和牛肉为例，探究肉类进口贸易的影响因素，厘清肉类进口与国内外市场关系，有助于科学调控肉类进口贸易，降低肉类进口风险。第五章首先利用双对数线性回归模型度量猪肉进口价格与国内市场的传导效应；其次，基于价格传导机制理论，构建向量自回归模型测度猪肉进口价格与国际市场的关系；然后，通过双对数线性回归模型对猪肉进口量长期影响因素进行分析；最后，运用门限自回归模型对猪肉进口量短期影响因素进行实证分析，以求对猪肉进口量价的影响机制有较为深入和理性的认识。同时，通过向量自回归模型试图探究国内外牛肉市场价格传导机制，并构建双对数线性回归模型对中国牛肉进口量的相关影响因素及其影响强度进行剖析。

5.1 猪肉进口价格影响因素

5.1.1 猪肉进口价格与国内市场的关系

（1）理论分析

根据国际贸易相关理论，在完全竞争市场上，巨大的利润会促使进口急剧增加，同时贸易政策调整、突发性事件也会导致商品进口的波动。结合产业实际情况，研究发现国内猪肉市场价格、关税政策是影响猪肉进口的主要因素。从长期来看，国内生猪养殖成本逐渐提升，国内外生产成本差拉大，国内猪肉价格与国际市场猪肉价格价差达到一定水平后产生利润，进而推动猪肉进口规模增长。同时，消费结构变化也是影响猪肉进口的重要因素，自国外进口的带骨猪肉主要用于国内餐饮、食品加工等行业，对国内消费市场起到互补作用；从短期来看，猪肉进口需求是具有弹性的，当国内生猪供给下降、猪肉价格上涨时，国内外猪价价差快速增加，叠加政策调整优化促进贸易便利化，降低关税税率，共同导致进口数量阶段性迅速增加，之后随着供给恢复，国内猪价回落会带动猪肉进口减少（图5-1）。

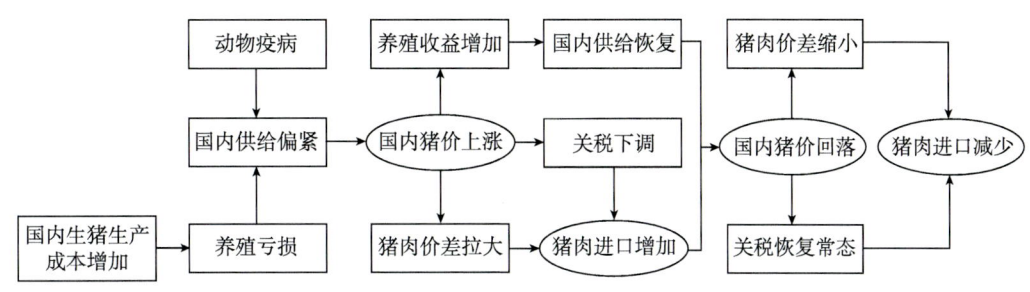

图5-1 猪肉进口与国内市场的长期关系理论框架

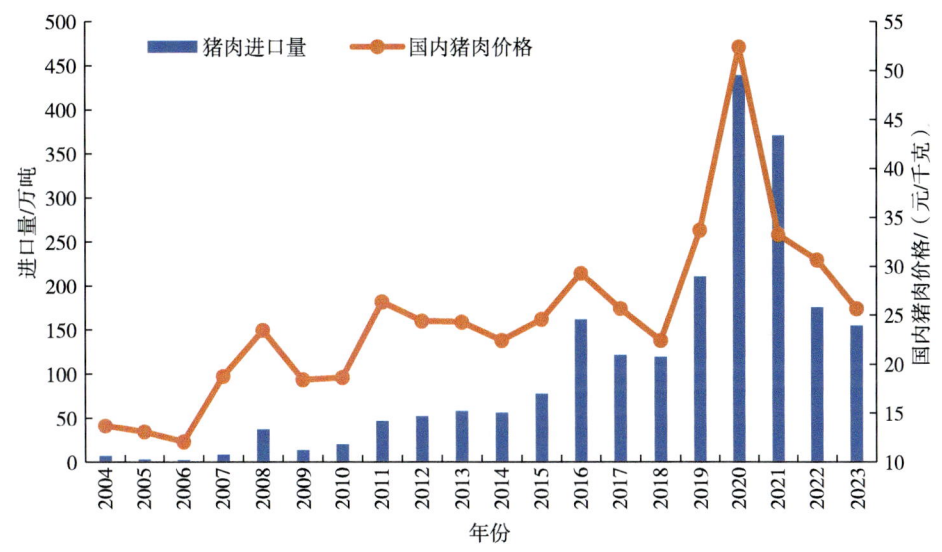

图5-2 2004—2023年中国猪肉进口量与国内猪肉价格变化趋势（数据来源：中国海关总署）

基于数据的可获得性和猪肉进口量价变动趋势，选取2004年为基期（图5-2），分别以猪肉进口到岸价、国内猪肉价格为被解释变量，选取国内生猪单位生产成本、国内猪肉产量等相关指标作为解释变量，选取疫病因素、政策因素作为控制变量，建立两组双对数线性回归模型，对猪肉进口价格与国内市场的关系进行实证分析。

（2）实证分析

①模型构建及估计

基于以上理论分析，本章节选取国内猪肉价格、国内生猪生产成本、疫病因素及政策因素等指标从实证方面研究分析猪肉进口价格与国内市场的关系（表5-1）。

表 5–1　猪肉进口价格与国内市场的影响指标说明

模型	类别	变量名称	变量符号	具体定义
（1）	被解释变量	猪肉进口到岸价	Y_{daj}	测算后的鲜冷冻猪肉进口到岸价格
	解释变量	国内猪肉价格	X_{zr}	农业农村部公布的猪肉市场价格
		国内生猪生产成本	X_{cb}	《全国农产品成本收益资料汇编》中等规模养殖户生猪单位生产成本数据
	控制变量	疫病因素	Z_{yb}	根据中国政府网的公开数据，构建生猪疫病指数
		政策因素	Z_{zc}	根据中国海关总署公布的数据，对猪肉进口关税是否有下调进行赋值（有下调=1；保持不变=0）
（2）	被解释变量	国内猪肉价格	Y_{zr}	农业农村部公布的猪肉市场价格
	解释变量	猪肉进口到岸价	X_{daj}	测算后的鲜冷冻猪肉进口到岸价格
		猪肉进口量	X_{jkl}	中国海关公布的猪肉进口量
		国内猪肉产量	X_{cl}	国家统计局公布的猪肉产量
	控制变量	疫病因素	Z_{yb}	根据中国政府网的公开数据，构建生猪疫病指数
		政策因素	Z_{zc}	根据中国海关总署公布的数据，对猪肉进口关税是否有下调进行赋值（有下调=1；保持不变=0）

首先通过绘制散点图得知，解释变量与猪肉进口到岸价之间大部分呈现线性关系，且程度较强。通过分析可知国内猪肉价格、国内生猪生产成本、疫病因素及政策因素均可能会影响猪肉进口到岸价，故选取以上变量作为解释变量建立线性回归模型。为了进一步分析各因素对猪肉进口到岸价的影响方向以及影响程度，本章建立的双对数线性回归模型（1）为：

$$LNY_{daj} = c_1 + a_1 LNX_{zr} + a_2 LNX_{cb} + a_3 LNZ_{yb} + a_4 Z_{zc} + \mu_1 \quad (5-1)$$

式（5-1）中：被解释变量 LNY_{daj} 为猪肉进口到岸价（元/千克），核心解释变量有 2 个，LNX_{zr}、LNX_{cb} 分别为国内猪肉价格（元/千克）及国内生猪生产成本（元/千克），控制变量有 2 个，LNZ_{yb}、Z_{zc} 分别为疫病因素、政策因素，a_1、a_2、a_3 及 a_4 表示待定系数，c_1 为常数项，μ_1 表示随机误差项。

采用以上同样的方法，发现所选的解释变量与国内猪肉价格之间呈现线性关系，且程度很强，本章建立的双对数线性回归模型（2）为：

$$LNY_{zr} = c_2 + b_1 LNX_{daj} + b_2 LNX_{jkl} + b_3 LNX_{cl} + \mu_2 \quad (5-2)$$

式（5-2）中：被解释变量 LNX_{zr} 为国内猪肉价格（元/千克），解释变量有 3 个，LNX_{daj}、LNX_{jkl}、LNX_{cl} 分别为猪肉进口到岸价（元/千克）、猪肉进口量（万吨）及国内猪肉产量（万吨），b_1、b_2 及 b_3 表示待定系数，c_2 为常数项，μ_2 表示随机误差项。

②数据来源及说明

本章选取的样本区间为 2004—2023 年，样本数据来源于中国海关总署、农业农村部、中国政府网及《全国农产品成本收益资料汇编》公开发布的数据。猪肉进口到岸价来自中国海关总署,其中猪肉进口到岸价是指鲜冷冻猪肉进口到岸价,通过年度进口额除以年度进口量计算得出年度进口到岸价;国内猪肉价格来自农业农村部统计监测的数据,通过对其周度价格平均处理得出年度平均价格;国内生猪生产成本数据采用《全国农产品成本收益资料汇编》中等规模养殖户单位生产成本的年度数据;国内猪肉产量来源于国家统计局公布的官方数据;疫病因素通过查阅中国政府网公开的材料,结合数据可获得性及实际情况,统计的生猪疫情类型包括经典猪瘟、非洲猪瘟、高致病性猪蓝耳病等10类,根据因疫情死亡和扑杀数量走势,编制生猪疫情指数,计算公式为$Z_{yb}=(Y_t/Y_{2004})\times 100$,其中$Y_t$为第$t$年因疫情死亡和扑杀数量,$Y_{2004}$为2004年因疫情死亡和扑杀数量,对未公布的年份按照线性插值法补齐,2004年以来生猪疫情指数走势如图5-3所示;政策因素通过中国海关总署官网查询2004年以来的信息,猪肉进口关税是否有调整进行赋值(有调整=1;保持不变=0),上述所有样本数据均为年度数据。

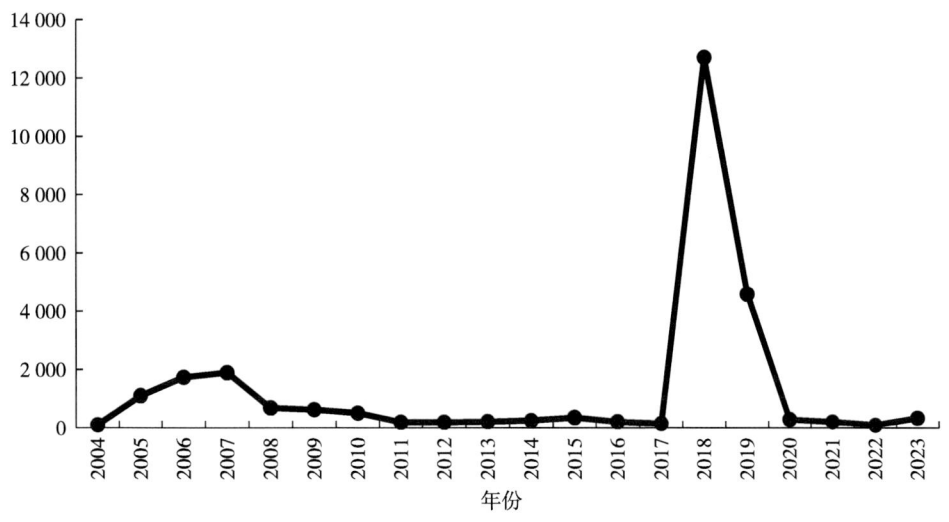

图5-3 2004—2023年中国生猪疫情指数走势

③实证结果分析

单位根检验。在模型回归之前,为了避免出现伪回归现象,本章节对虚拟变量除外的其他变量进行单位根检验。这里选取相对常用的ADF单位根检验方法来分别检验各数据序列的平稳性。原假设为:被检验序列存在单位根。检验结果如表5-2所示,在5%的显著性水平下,LNX_{cb}、LNX_{jkl}和LNX_{cl}均接受原假设,即存在单位根,代表这些变量的原序列均为非平稳序列;其他变量拒绝原假设,即不存在单位根,代表这些变量的原序列为平稳序列,通过进一步对非平稳序列一阶差分后的变量进行单位根检验,结果均拒绝原假设,代表一阶差分序列均为平稳序列。

表 5-2　猪肉进口价格与国内市场的影响指标平稳性检验结果

变量	检验形式（c,t,p）	ADF 统计量	显著性水平 5% 临界值	结　论
LNY_{daj}	（c, t, 1）	−5.241768	−3.690814	平稳
LNX_{zr}	（c, t, 1）	−3.865516	−3.690814	平稳
LNX_{cb}	（c, 0, 3）	−0.803550	−3.065585	不平稳
$DLNX_{cb}$	（c, t, 1）	−6.279190	−3.710482	平稳
LNZ_{yb}	（c, 0, 0）	−3.047091	−3.029970	平稳
LNX_{jkl}	（c, t, 1）	−3.550773	−3.690814	不平稳
$DLNX_{jkl}$	（c, t, 1）	−7.457472	−3.710482	平稳
LNX_{cl}	（c, t, 4）	−3.148922	−3.759743	不平稳
$DLNX_{cl}$	（c, 0, 1）	−3.736264	−3.052169	平稳

注：表中检验形式（c,t,p）中，c 表示单位根检验方程中的截距项，t 表示时间趋势，p 表示滞后阶数；0 表示不具有截距项或时间趋势，滞后期 p 的选择标准是以 AIC 值和 SC 值最小为准则。

回归结果分析。运用 $STATA$16.0 软件进行回归分析，回归结果如表 5-3 所示。模型（1）中仅解释变量 LNX_{zr} 通过了 t 检验。同样，采用同种方法对模型（2）进行回归，模型中所有解释变量均通过 t 检验。此外，控制变量是为了控制住对被解释变量有影响的遗漏因素，其显著性可忽略不计，着重对具有显著性的解释变量进行分析。

表 5-3　国内市场对猪肉进口到岸价影响的回归分析结果

解释变量	参数估计值	样本标准差	T 统计量	P 值
国内猪肉价格	0.554**	0.244	2.27	0.038
国内生猪生产成本	0.408	0.280	1.46	0.166
疫病因素	0.023	0.028	0.83	0.420
政策因素	0.016	0.117	0.14	0.893
常数项	−0.504	0.418	−1.21	0.246
拟合优度	0.8372	F 检验		19.284
调整拟合优度	0.7938	Prob > F		0.000

注：***、**、* 分别表示在 1%、5%、10% 水平上统计显著。

表 5-3 的实证结果表明，模型在总体上通过了 F 检验，F 值 =19.284，在 1% 的水平上显著，说明被解释变量和解释变量全体之间存在线性关系，证明此模型方程回归效果较好，有较显著的线性关系。调整拟合优度为 0.7938，说明模型的拟合优度较好。因此，可以使用此模型对猪肉进口到岸价格进行粗略预测分析。对上述回归结果进行分析，如表 5-3 所示，可以得出初步预测模型（3）：

$$LNY_{daj} = 0.554LNX_{zr} + 0.023LNZ_{yb} - 0.016Z_{zc} + \mu_1 \tag{5-3}$$

通过对表 5-3 回归结果分析，可观察到在 2004—2023 年期间，国内猪肉价格对猪肉进口到岸价格具有较为显著的正向影响，说明猪肉进口到岸价受国内市场影响程度较高。

进一步分析，当国内猪肉价格上涨时，会导致国内外价差拉大，猪肉进口到岸价格上涨，即国内猪肉价格每上涨1%，猪肉进口到岸价将上涨0.55%，这与现实情况基本一致。由于国内生猪单位生产成本和国内猪肉价格可能存在内生性问题，导致其没有通过 t 检验，故其在此模型中没有参考价值，有待在后文中进一步分析。

表5-4 猪肉进口量价对国内市场影响的回归分析结果

解释变量	参数估计值	样本标准差	T统计量	P值
猪肉进口到岸价	0.243**	0.154	1.58	0.035
猪肉进口量	0.186***	0.0338	5.50	0.000
国内猪肉产量	−0.669***	0.2116	−3.16	0.006
常数项	7.544***	1.851	4.07	0.001
拟合优度	0.9365	F检验		78.64
调整拟合优度	0.9246	Prob > F		0.000

注：***、**、* 分别表示在1%、5%、10%水平上统计显著。

表5-4的实证结果表明，模型在总体上通过了 F 检验，F 值 =78.64，在1%的水平上显著，说明被解释变量和解释变量全体之间存在线性关系，证明此模型方程回归效果较好，有较显著的线性关系。调整拟合优度为0.9246，说明模型的拟合优度较好。因此，可以使用此模型对猪肉进口量价对国内猪肉价格的影响程度进行粗略预测分析。对上述回归结果进行分析，如表5-4所示，可以得出初步预测模型（4）：

$$LNY_{zr} = 7.544 + 0.243 LNX_{daj} + 0.186 LNX_{jkl} - 0.669 LNX_{cl} + \mu_2 \tag{5-4}$$

通过对表5-4回归结果分析，可观察到在2004—2023年期间，猪肉进口到岸价、猪肉进口量以及国内猪肉产量对国内猪肉价格具有显著的影响，说明国内市场会受到猪肉产量及进口的影响。猪价与猪肉进口到岸价格、进口量呈现正向关系，猪肉进口到岸价每上涨1%，国内猪肉价格将上涨0.24%，猪肉进口量每增加1%，国内猪肉价格将上涨0.19%，国内猪肉产量与国内猪肉价格呈负向关系，国内猪肉产量每增加1%，国内猪肉价格将下跌0.67%。可见，猪肉进口量价和国内猪肉价格存在由内而外的传导关系，所以当猪肉进口量增加、猪肉进口价格上涨时，国内猪肉价格往往处于高位，两者存在同向关系。从影响国内猪肉价格的角度来看，由于猪肉进口量只占猪肉总供给的一小部分，故国内供给变动才是影响国内猪肉价格波动的主因，即国内猪肉产量是国内猪肉价格最主要的影响因素。此外，常数项系数为7.544，通过了显著性检验，这一实证分析表明，还有其他因素影响着国内猪肉价格的变动。

异方差检验。为检验以上两个预测模型是否具有异方差，对两个模型分别进行怀特检验，结果如表5-5所示，辅助统计量对应的 P 值分别为0.4270、0.8057，均大于 α-0.05的显著性水平，因此接受不具有异方差的原假设，两个模型不存在异方差。

表 5-5　猪肉进口价格与国内市场的关系 white 检验结果

来源	卡方统计量	自由度	P值
模型（3）异方差	12.23	12	0.4270
模型（4）异方差	5.32	9	0.8057

多重共线性检验。为了证实以上两个模型是否存在多重共线性，在软件 $STATA$16.0 中利用命令 VIF，对解释变量之间进行线性相关性的检验，结果见表 5-6，由两个模型的多重共线性分析结果可知，模型（3）和模型（4）解释变量之间的相关系数均小于 10，表明两个模型解释变量之间的线性相关性均不强，均不存在多重共线性。

表 5-6　猪肉进口价格与国内市场的关系多重共线性分析

LNY_{daj}	VIF	1/VIF	LNY_{zr}	VIF	1/VIF
LNX_{zr}	6.44	0.155	LNX_{daj}	5.10	0.196
LNX_{cb}	5.48	0.182	LNX_{jkl}	5.50	0.182
LNZ_{yb}	1.13	0.607	LNX_{cl}	1.18	0.846
Z_{zc}	1.65	0.883	—	—	—
平均 VIF	3.67	—	平均 VIF	3.93	—

5.1.2　猪肉进口价格与国际市场的关系

（1）理论分析

根据价格传导机制理论，当不同国家同类产品间的价格差距超过产品在两国之间的交易成本时，将在两国间形成从价格低的地区向价格高的地区流动的贸易流，进而在两国间形成新的价格均衡，完成一国市场价格对另一国市场价格的影响，即价格传导。随着对外开放程度持续加深，国内和国外市场联动性提升，国际市场价格波动会传导至国内市场，对国内市场价格的影响越来越大。近年来，中国猪肉进口体量总体呈现增大趋势，进口来源市场集中度相对较高，一旦主要进口来源市场猪肉价格大幅波动，叠加关税调整、动物疫病等因素影响，会导致进口猪肉成本变动，进而引发猪肉进口到岸价格波动（图 5-4）。目前，中国猪肉进口来源市场主要来自欧盟、北美以及南美等地区，其中自欧盟和美国进口合计占比超过 2/3，其市场价格变动对中国猪肉进口价格可能存在一定程度的影响，因此，选取欧盟和美国作为中国猪肉主要进口来源市场的代表，研究猪肉进口到岸价格与国际市场价格的关系。

第五章 肉类进口与国内外市场的关系——以猪肉、牛肉为例

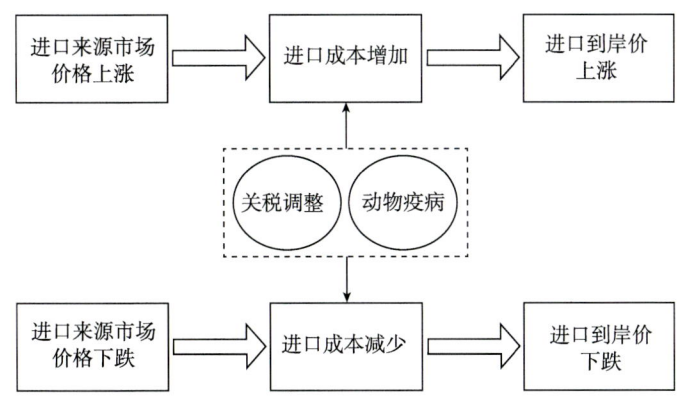

图 5-4 进口到岸价与主要进口来源市场的关系分析框架

从图 5-5 可知，猪肉进口到岸价与主要进口来源市场价格呈现非线性关系。在 2008 年 1 月至 2023 年 12 月期间，相对于美国猪肉价格，欧盟猪肉价格涨跌幅度相对平稳，两者与中国猪肉进口到岸价基本呈现同向变动，但不完全一致。从图 5-5 中还可观察到，2019 年以来，随着中国猪肉进口量级总体呈现高位，猪肉进口到岸价涨至较高位且波动越发剧烈。根据上述理论分析可知，除了主要受国内市场价格的影响外，国际市场价格的波动也会影响猪肉进口到岸价，进而有必要对中国猪肉进口到岸价与主要进口来源市场价格的关系进行定量分析。

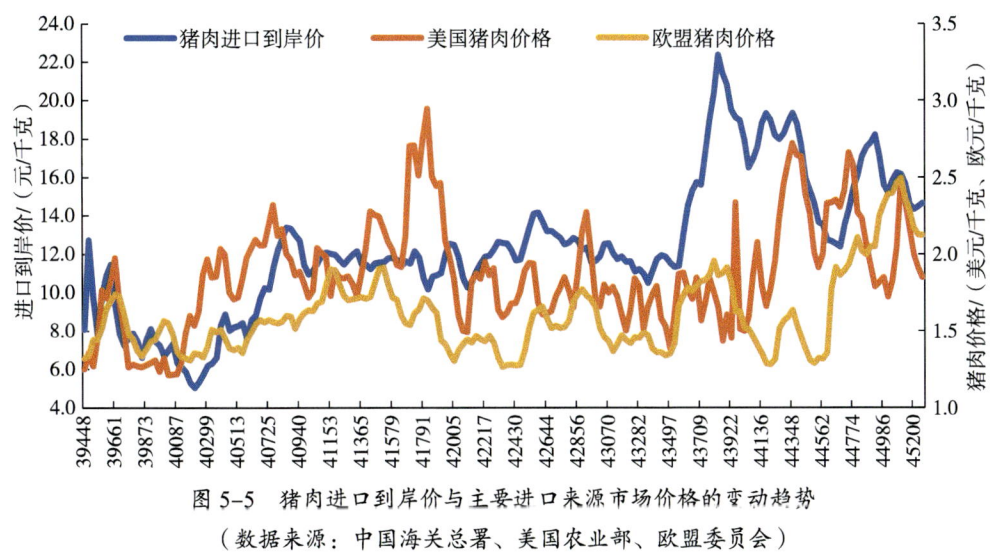

图 5-5 猪肉进口到岸价与主要进口来源市场价格的变动趋势

（数据来源：中国海关总署、美国农业部、欧盟委员会）

（2）实证分析

①模型构建及估计

VAR 模型是一种专门用于研究不同类型随机变量扰动项对系统变量的动态影响过程的非结构模型，在分析复杂价格经济系统时表现出明显的优势。VAR 模型的公式（5-5）通常表示为：

$$Y_t = A_1 Y_{t-1} + A_2 Y_{t-2} + \ldots + A_x Y_{t-x} + \varepsilon_t \tag{5-5}$$

在式（5-5）中，Y 表示内生变量矢量，A 表示系数矩阵，x 表示滞后阶数，t 表示时间，ε_t 表示残差。

选取相关变量建立向量自回归模型，模型设定通过上述的理论分析得知美国猪肉价格、欧盟猪肉价格均可能会影响猪肉进口到岸价。由于对数处理在保持原始数据协整关系的同时，能够有效实现样本趋势的线性化，并消除时间序列数据中的异方差现象，本研究决定对所有样本数据进行自然对数转换，建立向量自回归模型。

②数据来源及说明

2008年以后中国成为猪肉净进口国，进口到岸价受国外市场价格影响程度提升，同时根据数据的可获得性和一致性，选取2008年1月至2023年12月之间的月度数据，受猪肉消费的季节性需求等因素影响，猪肉进口到岸价格、美国猪肉价格与欧盟猪肉价格均具有明显的季节性特征，通过采用CensusX-12季节调整方法剔除季节性因素。其中，猪肉进口到岸价数据来源于中国海关总署，美国猪肉价格来源于美国农业部，欧盟猪肉价格则来源于欧盟委员会。对原始数据进行描述性统计分析，结果如表5-7所示。

表5-7 猪肉进口价格与国际市场的主要变量描述性统计

变量	含义	单位	观察值	均值	标准差	最小值	最大值
DAJ	猪肉进口到岸价	元/千克	192	12.383	3.535	5.037	22.375
MG	美国猪肉价格	美元/千克	192	1.871	0.350	1.211	2.945
OM	欧盟猪肉价格	欧元/千克	192	1.604	0.259	1.262	2.491

③实证结果分析

单位根检验。非平稳时间序列可能会引发伪回归现象，进而影响所构建模型的准确性。因此，本章节选取目前学术界进行时间序列平稳性检验较为常用的ADF单位根检验方法来分别检验各变量序列的平稳性。原假设为：被检验序列存在单位根。检验结果如表5-8所示：在5%的显著性水平下，除 LNOM 外，其他变量拒绝原假设，即不存在单位根，代表序列为平稳序列；而一阶差分序列在5%的显著性水平下均拒绝原假设，即均为一阶单整序列，满足构建VAR模型的基本要求。

表5-8 猪肉进口价格与国际市场的变量序列平稳性检验结果

变量	水平检验结果				一阶差分检验结果			
	检验形式(c,t,p)	ADF值	5%临界值	检验结果	检验形式(c,t,p)	ADF值	5%临界值	检验结果
猪肉进口到岸价	(c, t, 1)	−3.767	−3.435	平稳	(c, t, 0)	−13.899	−3.435	平稳
美国猪肉价格	(c, t, 0)	−3.580	−3.435	平稳	(c, t, 2)	−10.435	−3.436	平稳
欧盟猪肉价格	(c, t, 1)	−2.324	−3.435	不平稳	(c, t, 0)	−9.892	−3.435	平稳

注：表中检验形式(c,t,p)中，c表示单位根检验方程中的截距项，t表示时间趋势，p表示滞后阶数；0表示不具有截距项或时间趋势，滞后期p的选择标准是以AIC值和SC值最小为准则。

模型的最佳滞后阶数选择及稳定性检验。对模型进行最佳滞后项选择，选择指标结果如表5-9所示，从结果中可看出，滞后2期有三个信息准则显著，所以模型最优滞后阶数为2。

表5-9 VAR模型最佳滞后阶数选择指标值

滞后期	LL统计量	LR统计量	FRE准则	AIC准则	SC准则	HQ准则
0	363.7012	—	2.81e−06	−4.2687	−4.2130	−4.2461
1	821.0703	893.0876	1.39e−08	−9.5748	−9.3526*	−9.4846
2	839.0114	34.3959*	1.25e−08*	−9.6806*	−9.2917	−9.5228*
3	846.8517	14.7529	1.27e−08	−9.6669	−9.1113	−9.4414
4	853.2385	11.7909	1.31e−08	−9.6360	−8.9137	−9.3428
5	858.1816	8.9503	1.38e−08	−9.5879	−8.6990	−9.2272
6	863.2387	8.9770	1.45e−08	−9.5413	−8.4856	−9.1129
7	869.1891	10.3516	1.50e−08	−9.5052	−8.2829	−9.0091
8	874.6266	9.2662	1.57e−08	−9.4630	−8.0740	−8.8994
9	882.7294	13.5208	1.59e−08	−9.4524	−7.8967	−8.8211
10	887.3803	7.5955	1.68e−08	−9.4010	−7.6786	−8.7020

注：*表示在相应指标下，影响显著的滞后阶数。

根据模型设定和后续分析的要求，构建的VAR模型须为稳定模型。在确定VAR模型的最优滞后阶数为2后，通过构建VAR（2）模型重新进行估计。为重新评估猪肉进口到岸价、美国猪肉价格及欧盟猪肉价格构成的系统稳定性，采用AR根检验法进行检验。根据图5-6所示，所有AR特征多项式的逆根均位于单位圆内，这代表回归残差序列满足正态性的要求，并且不存在相关性和异方差情况，即构建的VAR（2）模型是稳定的。

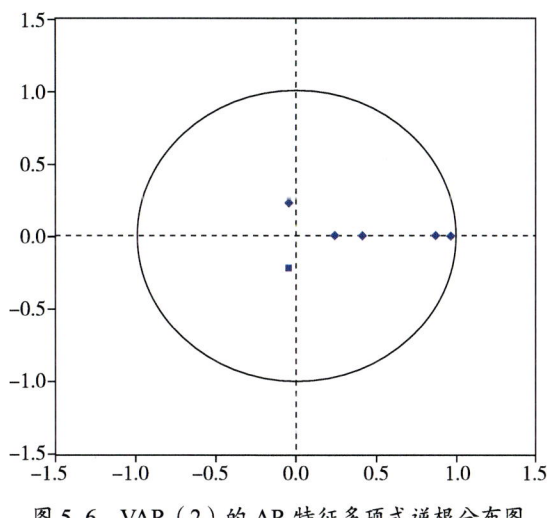

图5-6 VAR（2）的AR特征多项式逆根分布图

协整检验。由于构建的向量自回归模型为多变量模型,在确定最优滞后阶数后,本研究采用 Johansen 和 Juselius 于 1990 年提出的极大似然估计方法,即 Johansen 检验来探讨多变量之间的协整关系。在 Johansen 协整检验中,通常用最大特征值和迹统计量检验来判断变量之间的协整关系数量,若最大特征值和迹统计量的检验结果存在差异,通常优先考虑迹统计量的检验结果,因为它往往更具可靠性和准确性。从表 5-10 可以看到,最大特征值和迹统计量检验结果均显示拒绝"没有协整关系"和"至多存在 2 个协整关系"的原假设,即至少存在 2 个的协整关系,表明猪肉进口价格与美国猪肉价格、欧盟猪肉价格之间存在长期均衡关系。

表 5-10 猪肉进口价格与国际市场的关系 Johansen 协整检验结果

原假设	迹			原假设	最大特征值		
	统计值	5% 临界值	P 值		统计值	5% 临界值	P 值
没有协整关系*	50.5504	35.0109	0.0006	没有协整关系*	33.2715	24.2520	0.0025
至多 1 个协整关系	17.2789	18.3977	0.0712	至多 1 个协整关系	11.8309	17.1477	0.2512
至多 2 个协整关系*	5.4480	3.8415	0.0196	至多 2 个协整关系*	5.4480	3.8415	0.0196

注:*表示选择的协整秩。

脉冲响应分析。采用脉冲响应函数方法,深入探究美国猪肉价格与欧盟猪肉价格如何动态地影响中国猪肉进口到岸价格,由图 5-7 脉冲响应结果可知,当给定当期美国猪肉价格($LNMG$)变化量一个单位冲击后,当期不会将影响传导给猪肉进口到岸价,第 2 期开始猪肉进口到岸价受到小幅影响,第 3 期至第 6 期持续给猪肉进口到岸价正向的冲击,但从第 7 期开始影响逐渐减弱直至平稳,这表明美国猪肉价格上涨(下跌),从第 2 期开始对猪肉进口到岸价上涨(下跌)有正向的影响。当给定当期欧盟猪肉价格($DLNOM$)变化量一个单位冲击后,第 3 期开始猪肉进口到岸价受到小幅影响,但在第 4 期后影响逐渐减弱直至平稳,表明欧盟猪肉价格上涨(下跌)从第 3 期开始对猪肉进口价格上涨(下跌)有正向的影响。美国猪肉价格变动对猪肉进口到岸价的影响高于欧盟猪肉价格变动对猪肉进口到岸价的影响,但整体上影响均偏小,此结果与现实国内外市场价格传导周期较为一致,并且说明猪肉进口到岸价受主要进口来源市场价格影响较小。

方差分解分析。在给定的一个标准差冲击下,通过脉冲响应函数能够揭示各个内生解释变量的响应方向和程度,然而在不同冲击下,特定变量的影响程度大小却不能直接通过脉冲响应函数对比出来。而方差分解方法可深入分析每个结构冲击对内生变量变化的贡献度,因此,本部分用方差分解来量化分析主要进口来源市场价格波动对猪肉进口到岸价波动的解释力度和重要性,进而判断短期内主要进口来源市场价格对猪肉进口到岸价的传导效应。通过方差分解的结果可知(表 5-11):首先,猪肉进口到岸价波动在很大程度上可以归因于本身冲击,但这种解释力度随滞后期的增加而逐渐减弱,具体来看,在第 10 期时,其解释力度为 91.90%,相较于第 1 期下降 8.10%。其次,美国猪肉价格对猪肉进口到岸价波动的解释力度随着滞后期增加而逐渐增强,经过第 10 期的增长,贡献率达到

6.47%,这表明美国猪肉价格变动对中国猪肉进口到岸价的影响较大,而欧盟猪肉价格对猪肉进口到岸价波动的解释力相对较弱,但解释力度随着滞后期增加而逐渐增强,经过 10 期后,贡献率达到 1.63%。综合来看,主要进口来源市场价格波动对猪肉进口到岸价的冲击随着滞后期增加而逐渐增强,且美国猪肉价格波动对猪肉进口到岸价的冲击较欧盟猪肉价格更为显著,但总体来看,欧美猪价对猪肉进口到岸价影响均偏小,这也进一步佐证了前文的研究结论,猪肉到岸价主要是受国内市场价格波动的影响。

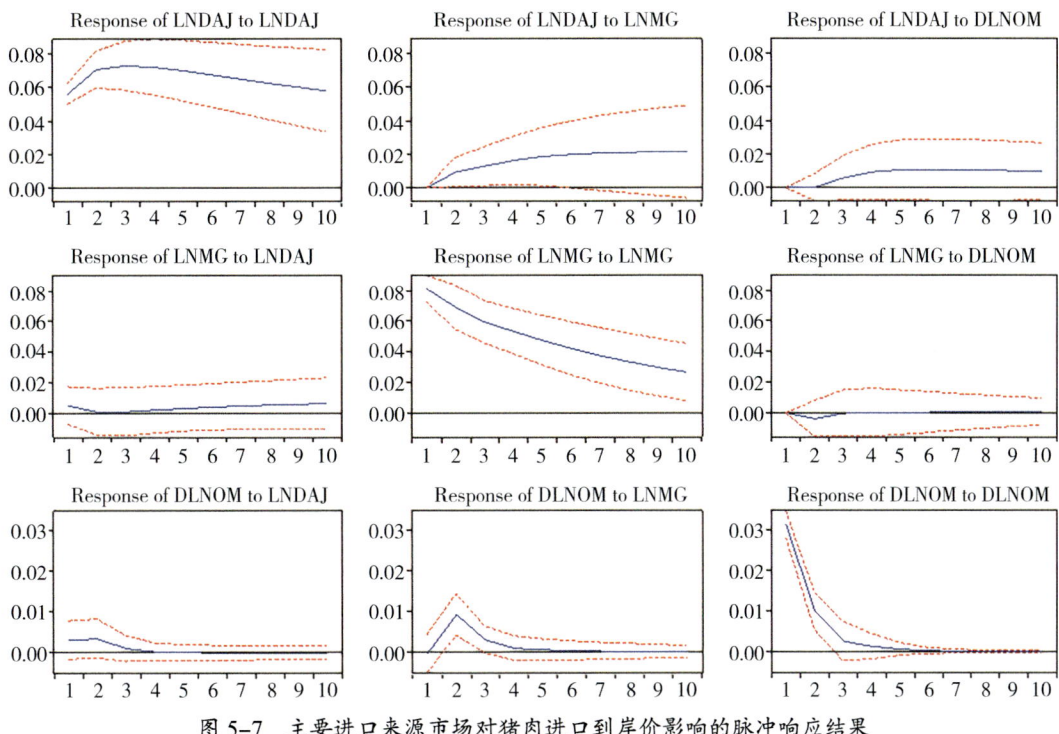

图 5-7 主要进口来源市场对猪肉进口到岸价影响的脉冲响应结果

表 5-11 主要进口来源市场对猪肉进口到岸价影响的方差分解结果

预测期	S.E. 值	猪肉进口到岸价	美国猪肉价格	欧盟猪肉价格
1	0.0561	100.0000	0.0000	0.0000
2	0.0907	98.9184	1.0812	0.0004
3	0.1171	97.8967	1.8622	0.2411
4	0.1387	96.6674	2.7130	0.6195
5	0.1568	95.5389	3.5253	0.9358
6	0.1721	94.5812	4.2486	1.1702
7	0.1854	93.7675	4.8916	1.3409
8	0.1971	93.0652	5.4689	1.4659
9	0.2074	92.4491	5.9919	1.5590
10	0.2166	91.9011	6.4691	1.6298

5.2 猪肉进口量影响因素

5.2.1 猪肉进口量长期影响因素分析

（1）模型构建及估计

基于前述的理论分析，本部分选取国内生猪生产成本、猪肉价差、国内猪肉产量、疫病因素及政策因素等因素使用线性回归模型论证分析它们对中国猪肉进口量长期变动的影响（表5-12）。

表5-12 猪肉进口量长期影响指标的说明

类别	变量名称	变量符号	具体定义
被解释变量	猪肉进口量	Y_{jkl}	鲜冷冻猪肉进口量
解释变量	国内生猪生产成本	X_{cb}	《全国农产品成本收益资料汇编》中等规模养殖户单位生产成本数据
	猪肉价差	X_{jc}	国内猪肉价格与猪肉进口完税后价格的价差
	国内猪肉产量	X_{cl}	国家统计局公布的猪肉产量
控制变量	疫病因素	Z_{yb}	根据中国政府网的数据，构建生猪疫病指数
	政策因素	Z_{zc}	根据中国海关总署公布的数据，猪肉进口关税是否有下调进行赋值（有下调=1；保持不变=0）

通过采用5.1.1同样的方法，发现选取的解释变量与猪肉进口量之间大部分呈现线性关系且程度较强，故建立双对数线性回归模型（5）为：

$$LNY_{jkl} = c_3 + \lambda_1 LNX_{cb} + \lambda_2 LNX_{jc} + \lambda_3 LNX_{cl} + \lambda_4 LNZ_{yb} + \lambda_5 Z_{zc} + \beta \quad (5-6)$$

式（5-6）中，被解释变量 LNY_{jkl} 为猪肉进口量（万吨），核心解释变量 LNX_{cb}、LNX_{jc}、LNX_{cl} 分别为国内生猪生产成本（元/千克）、猪肉价差（元/千克）、国内猪肉产量（万吨），控制变量 LNZ_{yb} 和 Z_{zc} 分别为疫病因素、政策因素，λ_1、λ_2、λ_3、λ_4 及 λ_5 表示待定系数，c_3 为常数项，β 表示随机误差项。

（2）数据来源及说明

本章节选取的样本区间为2006—2023年，样本数据来源于中国海关总署、农业农村部、中国政府网及《全国农产品成本收益资料汇编》公开发布的年度数据。猪肉进口量来自中国海关总署公布的年度数据；国内生猪生产成本数据采用《全国农产品成本收益资料汇编》中等规模养殖户单位生产成本年度数据；猪肉价差通过对农业农村部统计监测的周度价格数据平均处理得到的年度平均价格与进口完税价作差得出；国内猪肉产量来源于国家统计局公布的官方数据；疫病与政策因素获取方式同5.1.1部分一致。

(3) 实证结果分析

单位根检验。在模型回归之前,为了避免出现伪回归现象,本章节对虚拟变量除外的其他变量进行单位根检验。这里选取较为常用的 ADF 单位根检验方法来分别检验各数据序列的平稳性。原假设为:被检验序列存在单位根。检验结果如表 5-13 所示,在 5% 的显著性水平下,LNX_{cl}、LNZ_{yb} 不拒绝原假设,即存在单位根,代表原序列为非平稳序列;相反,其他变量均拒绝原假设,即不存在单位根,代表原序列为平稳序列。为了进一步分析非平稳序列,对该序列进行一阶差分处理,并对差分后的数据进行单位根检验,结果表明差分后的序列拒绝原始假设,从而确定该一阶差分序列是平稳的。

表 5-13 猪肉进口量长期影响因素平稳性检验结果

变量	检验形式(c,t,p)	ADF 统计量	显著性水平 5% 临界值	结论
LNX_{jkl}	(c, t, 1)	-4.098192	-3.733200	平稳
LNX_{cb}	(c, 0, 0)	-3.676273	-3.052169	平稳
LNX_{jc}	(c, 0, 0)	-3.736954	-3.052169	平稳
LNX_{cl}	(c, t, 1)	-2.735811	-3.733200	不平稳
$DLNX_{cl}$	(c, 0, 0)	-3.475421	-3.065585	平稳
LNZ_{yb}	(c, t, 1)	-3.026589	-3.733200	不平稳
$DLNZ_{yb}$	(c, 0, 0)	-4.003110	-3.065585	平稳

注:表中检验形式(c,t,p)中,c 表示单位根检验方程中的截距项,t 表示时间趋势,p 表示滞后阶数;0 表示不具有截距项或时间趋势,滞后期 p 的选择标准是以 AIC 值和 SC 值最小为准。

回归结果分析。运用 STATA16.0 软件进行回归分析,回归结果如表 5-14 所示。同样,采用 5.1.1 同种方法对模型(4)进行回归,模型中解释变量国内生猪生产成本、猪肉价差因素通过 t 检验。

表 5-14 猪肉进口量长期影响因素的回归分析结果

解释变量	参数估计值	样本标准差	T 统计量	P 值
国内生猪生产成本	4.650***	0.937	4.96	0.000
猪肉价差	1.053*	0.528	1.99	0.069
国内猪肉产量	0.701	1.671	0.42	0.682
疫病因素	0.249**	0.093	2.68	0.020
政策因素	0.406	0.299	1.36	0.200
常数项	-18.068	13.785	-1.31	0.214
拟合优度	0.9444	F 检验		40.80
调整拟合优度	0.9213	Prob > F		0.0000

注:***、**、* 分别表示在 1%、5%、10% 水平上统计显著。

实证结果表明,模型在总体上通过了 F 检验,F 值 =40.80,在 1% 的水平上显著,说明被解释变量和解释变量全体之间存在线性关系，证明此模型方程回归效果较好，有较显著的线性关系。调整拟合优度为 0.9213，说明模型的拟合优度较好。因此，可使用此模型对猪肉进口量进行粗略预测分析。对上文回归结果进行分析，见表 5-14 所示，可以得出初步预测模型（6）：

$$LNY_{jkl} = -18.068 + 4.650LNX_{cb} + 1.053LNX_{jc} + 0.701LNX_{cl} + 0.249LNZ_{yb} + 0.406Z_{zc} + \beta \quad (5-7)$$

通过对表 5-14 回归分析，可发现国内生猪生产成本和猪肉价差均对猪肉进口量有较为显著的影响，说明从长期来看，猪肉进口量受国内市场影响程度较高，同时受国内外价差影响。进一步分析，即国内生猪生产成本增加，带动猪价总体呈现上涨趋势，猪肉价差拉大促使猪肉进口量刚性增加，国内生猪生产成本每增加 1%，猪肉进口量将增加 4.65%，猪肉价差每拉大 1%，猪肉进口量将增加 1.05%，国内猪肉产量对猪肉进口量的影响不显著，是由于产量变动决定国内市场猪肉价格，进而才影响国内外猪价价差。据此说明从长期来看，生猪生产成本是影响猪肉进口周期量级增长的核心因素，猪肉价差更多的是影响猪肉进口贸易阶段性增长的要素，猪肉进口呈现较大的弹性。

异方差检验。为检验模型（6）是否具有异方差，对模型分别进行怀特检验，结果如表 5-15 所示，辅助统计量对应的 P 值为 0.3888，大于 $\alpha=0.05$ 的显著性水平，因此接受不具有异方差的原假设，模型不存在异方差。

表 5-15 猪肉进口量长期影响因素的 white 检验结果

来源	卡方统计量	自由度	P 值
模型（6）异方差	18.00	17	0.3888

多重共线性检验。为了证实以上模型是否存在多重共线性，在软件 STATA16.0 中利用 VIF 命令，对解释变量之间进行线性相关性的检验，结果如表 5-16 所示，由模型的多重共线性分析结果可知，模型（6）中解释变量之间的相关系数均小于 10，说明该模型解释变量之间不存在线性相关性，即不存在多重共线性。

表 5-16 猪肉进口量长期影响因素的多重共线性分析

LNY_{jkl}	VIF	1/VIF
LNX_{cb}	5.32	0.19
LNX_{jc}	4.94	0.20
LNX_{cl}	3.95	0.25
LNZ_{yb}	1.69	0.59
Z_{zc}	1.57	0.64
Mean VIF	3.49	—

5.2.2 猪肉进口量短期影响因素分析

（1）理论分析

猪肉进口量受国内和国际两个市场共同影响，年际间和月度间存在较大波动，同时受进口决策时机和进口周期等因素影响，进口量价波动较国内市场波动存在一定滞后性。价格是供需的表现形式，而猪肉作为一种特殊的农产品，其价格主要受供给端波动影响，故当国内供给短缺、价格上涨时会导致国内外价差拉大，促使猪肉进口增加，当国内供给充足、价格下跌时会导致国内外价差缩小，猪肉进口量下降。猪肉进口数量很大程度上受国内供给情况影响，通过监测能繁母猪存栏量和生猪屠宰量的变动来反映国内猪肉供给端变化情况，进而研判其对猪肉进口量的影响程度。同时，猪肉进口量还受国际市场的影响，欧盟是中国第一大猪肉进口来源地，其猪价波动也会影响到中国自其进口猪肉数量的变化，故可将欧盟作为国际市场的代表，来衡量国际猪肉市场价格的变化情况。根据国际贸易理论，汇率会影响一国购买商品的类型和数量，即当人民币贬值时，购买力下降可能会减少猪肉进口数量，所以在进行商品贸易研究时大部分学者会将汇率作为重要因素纳入考察中，因此有必要将汇率因素纳入到猪肉进口数量的影响因素研究当中。同时，由于增值税、保险及港口杂费等变化较小，关税调整对猪肉进口量有较为明显的影响，因此，有必要衡量进口关税税率的变化对猪肉进口量的影响。结合以上对中国猪肉进口量短期影响因素初步的理论分析（图5-8），接下来将运用实证分析方法，通过构建时间序列门限自回归模型，研究短期内影响猪肉进口量的重要因素及其影响程度。

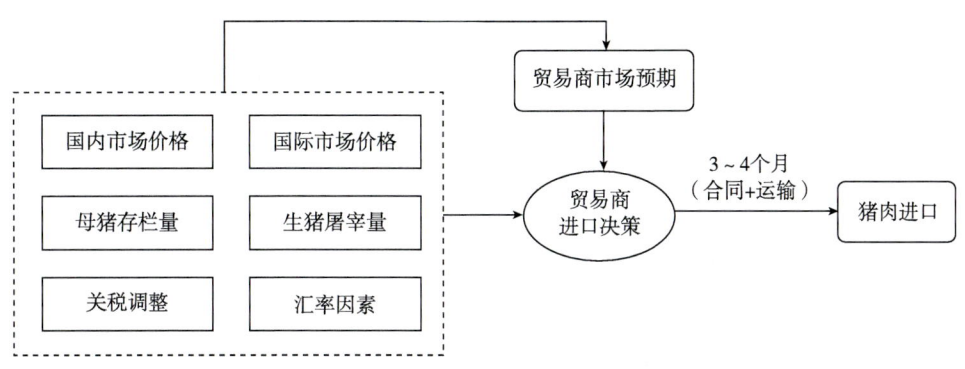

图5-8 猪肉进口量短期影响因素分析框架

（2）模型构建

本章节将国内生猪价格视为关键因素，分析其对猪肉进口量短期变化的影响，并探讨国内生猪价格波动是否导致猪肉进口量短期的影响程度存在差异。借鉴 Enders（2008）的门槛模型理论，并参考毛学峰等（2015）的研究构建以下辅助回归方程：

$$Vv_t = c + \alpha(L)Vv_{t-1} + \gamma X_t + \varepsilon_t \quad (5-8)$$

其中，Vv_t代表进口量的变化，c为常数项，$\alpha(L)=\alpha_1+\alpha_2 L+\cdots+L+\alpha_p L^{p-1}$表示滞后因子多项式，$X_t$为影响进口量的其他变量，$\varepsilon_t$为序列不相关的随机扰动项。

在此基础上，本研究引入国内生猪价格（d_t）作为解释变量，考察国内生猪价格变化（Vd_t）是否有助于解释猪肉进口量短期的变动。具体方程如下：

$$Vv_t = c_1 + \alpha(L)Vv_{t-1} + \beta_1 Vd_t + \gamma_1 X_t + \varepsilon_t; \quad 若 Z \geq \tau \quad (5-9)$$

$$Vv_t = c_2 + \alpha(L)Vv_{t-1} + \beta_2 Vd_t + \gamma_2 X_t + \varepsilon_t; \quad 若 Z \geq \tau \quad (5-10)$$

其中，Z为门槛变量，当门槛变量低于门槛值τ时，国内生猪价格系数为β_1；当门槛变量高于门槛值τ时，国内生猪价格系数为β_2。当$\beta_1=\beta_2=0$时，意味着国内生猪价格变动对猪肉进口量短期的变化之间没有显著的关系；若$\beta_1 \neq \beta_2$，这表明国内生猪价格变化对猪肉进口量短期的影响会因门槛值的不同而存在差异。

本章节将国内生猪价格作为门槛变量，考察国内生猪价格对猪肉进口量短期的影响是否随着国内生猪价格的变化而有所不同，考虑到猪肉进口贸易还存在3～4个月合同签署和运输的时间差，国内生猪价格对猪肉进口量短期的影响可能存在滞后期，因此，本章节将国内生猪价格第1期和第4期滞后项作为猪肉进口量的解释变量纳入模型，若国内生猪价格滞后项的系数显著，说明滞后项会影响短期猪肉进口量的变化。由于国际市场价格可以直接反映出猪肉进口成本的变化情况，故将欧盟猪肉价格作为衡量国际市场价格的代表变量，而国内供给情况直接关系到进口需求情况，国内生猪屠宰量和国内能繁母猪存栏量能够直观反映出国内供给状况，故选取以上两个指标来考察国内供给变动对猪肉进口量短期的影响，而国内供给对猪肉进口量的影响也存在滞后期，因此也将两者的滞后项纳入解释变量中，选取美元与人民币的比值作为汇率因素的代表变量。同时，为了控制其他解释变量对猪肉进口量短期的影响，结合前文的理论分析，本章节选取关税因素作为控制变量，衡量猪肉进口关税税率的变化是否会对猪肉进口量产生短期影响。

依据Chan（1993）研究中所提出的方法，可根据门槛变量Z与门槛值τ的大小关系，将观察值划分为两个区间，在门槛值未知的情况下，可以在一个合理的范围内使用最小二乘法进行估计，当找到残差平方和$SSR(\tau)$达到最小的τ值时，将其视为最优的门槛估计值τ，选择满足$\tau = \arg\min_\tau SSR(\tau)$的门槛值，估计出相应的系数值，并得到一个具有一致性的门槛值。其中，SSR代表方程（2）和（3）的残差平方和，根据Z的观测值进行排序，筛除掉前后10%的观测值后作为门槛值可能的范围。

（3）数据来源及说明

本章节选取猪肉进口量为被解释变量，以国内生猪价格、国内生猪屠宰量、国内能繁母猪存栏量、欧盟猪肉价格和汇率因素作为解释变量，同时选取关税因素作为控制变量。考虑到本章研究重点和数据的可获得性，选取数据区间为2008年1月至2023年12

月,其中猪肉进口量来自中国海关总署官网;国内生猪价格、国内生猪屠宰量和国内能繁母猪存栏量均来自农业农村部畜牧兽医局统计监测的数据;欧盟猪肉价格来自欧盟委员会官网;参考中国海关统计商品贸易额主要采用美元币值估算,故汇率因素变量用美元与人民币的比值来衡量,数据来源于 x-rates 网站;关税因素来自中国海关总署官网,根据鲜冷冻猪肉进口关税是否有下调进行赋值(有下调 =1;保持不变 =0),以上所采用的数据皆为月度数据。

(4)实证结果分析

描述性统计。主要变量描述性统计结果如表 5-17 所示,月度数据共计 192 个样本,猪肉进口量最小值为 0.66,最大值为 45.83,均值为 11.05,标准差为 10.46,说明近几年中国猪肉进口量明显提高,但不同年份之间猪肉进口量差距较大;国内生猪价格最小值为 9.24,最大值为 37.15,均值为 16.92,标准差为 6.20,说明在此期间,国内生猪价格涨跌幅度很大;欧盟猪肉价格标准差为 0.26,说明在此期间欧盟猪肉价格较为稳定,涨跌幅度较小;国内生猪屠宰量最小值为 832.09,最大值为 3978.21,说明国内生猪屠宰量明显提升且增幅较大,国内能繁母猪存栏量亦是如此,相对而言,汇率因素与关税因素的标准差较小,即较为稳定。

表 5-17 猪肉进口量短期影响因素的主要变量描述性统计

变量	含义	单位	观测值	均值	标准差	最小值	最大值
Y_{JKL}	猪肉进口量	万吨	192	11.05	10.46	0.66	45.83
X_{SZ}	国内生猪价格	元/千克	192	16.92	6.20	9.24	37.15
X_{OM}	欧盟猪肉价格	欧元/千克	192	1.60	0.26	1.26	2.49
X_{TZ}	国内生猪屠宰量	万头	192	1898.37	456.59	832.09	3978.21
X_{MZ}	国内能繁母猪存栏量	万头	192	4238.23	593.45	2960.73	5078.20
X_{HL}	汇率	—	192	6.62	0.32	6.07	7.28
X_{GS}	关税	—	192	0.16	0.37	0	1

检验数据的平稳性。为了避免季节性波动因素影响,除关税因素外,采用 CensusX 12 季节调整方法剔除季节性因素,并对选取其他变量的月度数据进行对数化处理。在进行实证开始前,需要先检验所有变量是否平稳,许多时间序列数据都有"单位根"问题,这将导致回归结果的不可靠性。目前,大部分学者均使用 ADF 检验来确定指定的变量是否平稳。因此,本章节使用对所有变量对数化处理后的月度数据进行 ADF 检验,检验结果如表 5-18 所示,在 5% 的显著性水平下,除 LNY_{JKL} 外,其他变量序列接受原假设即序列不平稳,存在单位根问题。因此,需要对非平稳序列先进行一阶差分,并对一阶差分后的数据进行单位根检验,结果显示拒绝原假设,即为平稳序列,符合构建门限自回归模型要求。

表 5-18 猪肉进口量短期影响因素平稳性检验结果

变量	原序列				一阶差分序列			
	ADF	5%	P 值	结果	ADF	5%	P 值	结果
LNY_{JKL}	−3.672	−3.436	0.027	平稳	−17.781	−3.435	0.000	平稳
LNX_{SZ}	−3.172	−3.435	0.094	不平稳	−3.979	−3.437	0.011	平稳
LNX_{OM}	−2.299	−3.435	0.432	不平稳	−10.041	−3.435	0.000	平稳
LNX_{TZ}	−2.101	−3.435	0.542	不平稳	−13.525	−3.435	0.000	平稳
LNX_{MZ}	−3.223	−3.435	0.083	不平稳	−6.485	−3.435	0.000	平稳
LNX_{HL}	−2.094	−3.435	0.545	不平稳	−12.402	−3.435	0.000	平稳

协整检验。建立模型的前提条件是变量系统之间存在协整关系。接下来继续检验所构建门限自回归模型的变量系统是否具有协整关系，在模型基础上进行协整检验。如表5-19所示，最大特征值和迹统计量检验结果均显示拒绝"没有协整关系"和"至多存在1个协整关系"的原假设，表明所有变量间至少存在1个协整关系。因此，可以说该模型存在着长期均衡关系，可进行下一步门限自回归模型的构建。

表 5-19 猪肉进口量短期影响因素的 Johansen 协整检验结果

原假设	迹			原假设	最大特征值		
	统计值	5% 临界值	P 值		统计值	5% 临界值	P 值
没有协整关系*	198.0714	139.2753	0.0000	没有协整关系*	70.4079	49.5863	0.0001
至多1个协整关系*	127.6636	107.3466	0.0012	至多1个协整关系*	55.6525	43.4198	0.0015
至多2个协整关系	72.0111	79.3415	0.1569	至多2个协整关系*	38.2734	37.1636	0.0371
至多3个协整关系	33.7376	55.2458	0.8155	至多3个协整关系	17.5121	30.8151	0.7466

注：*表示选择的协整秩。

基于门限自回归模型的实证分析。以国内生猪价格作为门限变量，将国内生猪价格滞后期、生猪屠宰量滞后期、能繁母猪滞后期放入模型当中，构建门限自回归模型，通过对比发现，国内生猪价格滞后1期开始会有门限效应，得到1个门限值为2.585（表5-20）。

表 5-20 猪肉进口量短期影响因素模型门限值的估值结果

门限个数	门限值	回归平方和
1	2.585	10.947

由表 5-21 门限自回归结果可知，当国内生猪价格低于门限值时，滞后1期和滞后4期国内生猪价格对猪肉进口量的影响显著，当滞后1期和滞后4期国内生猪价格上涨1%时，猪肉进口量分别增加2.06%、1.54%，表明猪价处于常态水平时，尽管猪价上涨，猪肉进口较国内市场价格变动的反应具有一定时滞性，且长于猪价处于较高水平时所需时间；当本期国内能繁母猪存栏量增加1%时，猪肉进口数量减少1.92%，表明猪价处于较低水平时，由于产能增加导致看淡后市，产能波动对猪肉进口影响快于猪价市场波动；

当汇率因素增长1%时，即人民币贬值时，猪肉进口数量减少4.05%。当国内生猪价格高于或等于门限值时，滞后1期国内生猪价格上涨1%，猪肉进口量增加1.04%，当本期欧盟猪肉价格上涨1%时，猪肉进口数量增加0.53%；当本期国内生猪屠宰量增加1%时，猪肉进口数量增加1.24%；当滞后1期国内生猪屠宰量增加1%时，猪肉进口数量增加0.48%。说明在生猪价格上涨到一定水平后，国内外猪肉价差已经达到刺激进口增长的水平，进口量受短期供给影响较小，猪肉进口与国内供给同向增长。在猪价上达到一定水平后，对后市市场信心提升，贸易商进口决策基于短期生猪名义价格，较猪价处于较低水平时更快做出增加出口决策。当滞后10期国内能繁母猪存栏量增加1%时，猪肉进口数量减少2.54%，这表明国内能繁母猪存栏量变动需要经过完整的生产周期才能传导到猪肉进口量；当关税下调1%时，猪肉进口数量增加1.15%，说明国内猪价较高时，关税下调具有促进猪肉进口量增加的作用。

表5-21 猪肉进口量短期影响因素门限模型回归结果分析

门限区间	LNY_{JKL}	参数估计值	样本标准差	Z值	P值
区间1 (LNSZ < 2.585)	LNX_{SZ}	−0.5362	1.0318	−0.5197	0.6041
	$LNX_{SZ}(-1)$***	2.0611	1.0602	1.9441	0.0538
	$LNX_{SZ}(-4)$**	1.5402	0.7214	2.1352	0.0344
	LNX_{OM}	1.2605	1.3899	0.9069	0.3659
	LNX_{TZ}	−0.0042	0.5894	−0.0071	0.9944
	$LNX_{TZ}(-1)$	0.3209	0.5211	0.6159	0.5389
	$LNX_{TZ}(-4)$*	1.4413	0.5495	2.6228	0.0096
	LNX_{MZ}*	−1.9172	0.6176	−3.1042	0.0023
	$LNX_{MZ}(-10)$	0.3923	0.6012	0.6525	0.5151
	LNX_{HL}**	−4.0504	1.5627	−2.5919	0.0105
	X_{GS}	−0.3402	0.2829	−1.2024	0.2311
区间2 (LNSZ ≥ 2.585)	LNX_{SZ}	−0.0672	0.3679	−0.1828	0.8552
	$LNX_{SZ}(-1)$**	1.0414	0.4055	2.5680	0.0112
	$LNX_{SZ}(-4)$	0.3690	0.2322	1.5894	0.1141
	LNX_{OM}**	0.5272	0.2455	2.1476	0.0334
	LNX_{TZ}***	1.2401	0.2562	4.8400	0.0000
	$LNX_{TZ}(-1)$*	0.4793	0.2587	1.8526	0.0659
	$LNX_{TZ}(-4)$	0.2633	0.2379	1.1068	0.2702
	LNX_{MZ}*	0.8331	0.4976	1.6742	0.0962
	$LNX_{MZ}(-10)$***	−2.5383	0.5257	−4.8280	0.0000
	LNX_{HL}	−1.5570	0.9541	−1.6318	0.1048
	X_{GS}***	1.1540	0.1292	8.9336	0.0000

注：***、**、* 分别表示在1%、5%、10%水平上统计显著。

5.3 国内外牛肉市场价格传导机制

5.3.1 理论分析

国内外牛肉市场价格基本呈现同向变动趋势。如图 5-9 所示，在 2017 年 1 月至 2024 年 6 月期间，巴西牛肉出口价格和澳大利亚牛肉出口价格与中国牛肉进口到岸价基本呈现同向变动趋势，而国内白条牛价格与到岸价之间变动虽存在一定同向变动趋势但同步性不强，特别是在 2020 年 5 月至 2020 年 10 月和 2022 年 11 月至 2023 年 2 月两段时间内出现明显的反向波动，这表明当国际牛肉供应链出现波动时，其冲击效应对国际价格的影响更强，对国内价格影响则较弱。

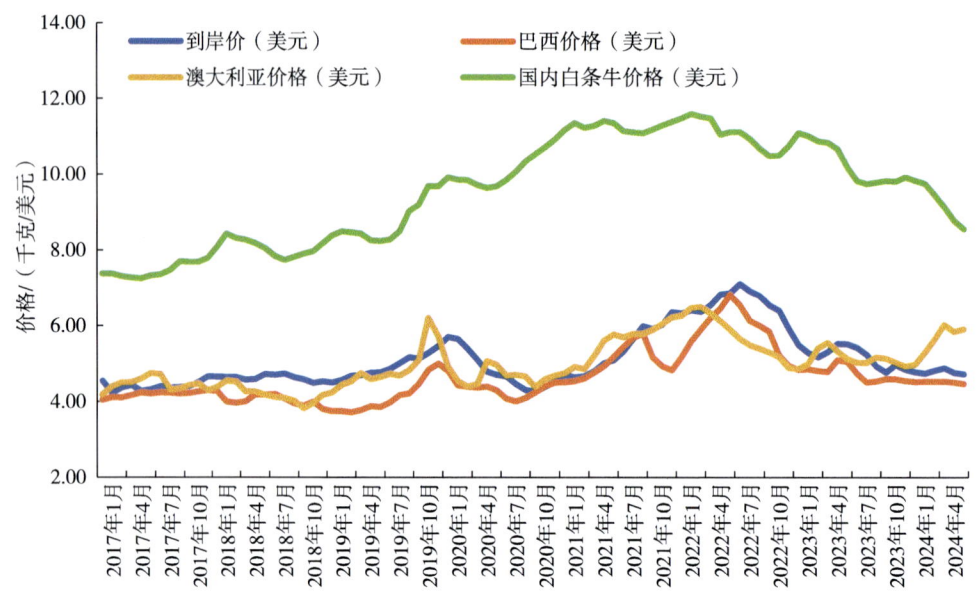

图 5-9　2017—2024 年牛肉进口到岸价与国内价格和主要进口来源市场价格的变动趋势

进口牛肉以冻牛肉为主，主要供应餐饮和食品加工市场，对国内牛肉市场起补充作用，因此国际牛肉产品出口价格将会间接影响中国牛肉市场价格。当国际市场牛肉价格走低，大量低价牛肉进入国内市场，将挤占国内牛肉市场，造成严重冲击。因此，探究牛肉进口到岸价更多是受国内还是国际市场的影响，以防范国际市场对国内市场的冲击。此外，深入分析国内外牛肉价格之间的传导机制，有助于更好地理解国内牛肉市场与国际市场的联系性与相关性。

基于此，考虑数据的可获得性，本研究选取了 2017 年 1 月至 2024 年 6 月的中国牛肉进口到岸价、国内牛肉价格以及巴西和澳大利亚牛肉出口月度价格数据。通过研究这些数据之间的格兰杰因果关系和脉冲响应函数，旨在验证它们之间的传导效应，为制定有效的市场调控策略提供科学依据。

5.3.2 模型构建

VAR 模型是基于一组 n 维时间序列所建立的非结构性方程组模型，并通过对模型中内生变量的滞后项进行回归，从而预测和分析随机扰动项对系统的动态冲击效果和冲击持续时间。对 2017 年 1 月至 2024 年 6 月牛肉进口到岸价、国内牛肉价格、巴西出口价格和澳大利亚出口价格的相互作用机制，构建以下 VAR 模型，对其进行估计，具体形式如下：

$$P_t = \tau_0 + \tau_1 P_{t-1} + \ldots + \tau_q P_{t-q} + \varepsilon_t \tag{5-11}$$

其中，P_t 包括牛肉进口到岸价、国内牛肉价格、巴西出口价格和澳大利亚出口价格 4 个变量，为了提升数据的平稳性，所有数据在回归过程中均作对数处理；… 为 $n \times q$ 维待估系数矩阵；为向量白噪声过程。

作为非理论性模型，VAR 模型的系数往往较难用于实际解释，需要进一步构建脉冲响应函数来分析随机扰动项在一个标准差的冲击下对内生变量产生的作用效果，从而刻画内生变量在冲击变量作用下的动态反应。一般形式如式（5-12）所示：

$$Y_t = \alpha + \sum_{i=1}^{p} \beta_i Y_{t-i} + \varepsilon_t \tag{5-12}$$

进一步，对上式进行沃尔德分解和定量转换，构建移动平均方程，并通过正交化消除模型的同期相关性，引入如下矩阵转换式 5-13：

$$Y_t = \alpha + \sum_{i=0}^{\infty} A_i C C^{-1} \varepsilon_{t-i} \tag{5-13}$$

另，得到简化式 5-14：

$$Y_t = \alpha + \sum_{i=0}^{\infty} D_i U_{t-i} \tag{5-14}$$

由式（5-14）可知，模型中的任一内生变量都可以由当期冲击和滞后期的随机冲击项来表示，即可以构建任一内生变量的脉冲响应函数，并借助 *STATA*16.0 软件在已建立的 VAR 模型上计算各国牛肉价格之间的冲击效应及任一冲击的持续时期。

5.3.3 数据来源及说明

本部分选取的样本区间为 2017 年 1 月至 2024 年 6 月，样本数据来源于中国海关总署、中华人民共和国商务部、巴西 CEPEA 价格数据库和澳大利亚 MLA 数据库公开发布的数据。牛肉进口到岸价来自中国海关总署，其中牛肉进口到岸价由月度进口额除以月度进口量计算得出；国内牛肉价格来自商务部统计的白条牛价格数据，由周度价格平均处理得到月度价格；巴西牛肉出口价格来自巴西 CEPEA 价格数据库公布的月度价格；澳大利亚牛肉出口价格由澳大利亚 MLA 数据库公布的出口额除以出口量计算得出。

5.3.4 实证结果分析

（1）平稳性检验

运用 ADF 方法对牛肉进口到岸价、国内牛肉价格、巴西出口价格和澳大利亚出口价格 4 组数据进行单位根检验，考察其平稳性。为消除伪回归现象，在进行检验之前，对上述 4 组数据进行了对数转化，结果如表 5-22 所示，4 组数据的 ADF 统计值均大于 1% 显著性水平下的临界值，接受原假设，即原序列数值在 1% 的显著性水平下为非平稳序列。在对上述 4 组数据分别进行一阶差分后，再次进行平稳性检验，所得 p 值均为 0，即所有变量的 1 阶差分序列在 1% 的显著性水平下平稳，通过 ADF 检验。

表 5-22 平稳性检验结果

变量	变量符号	原序列				一阶差分序列			
		ADF	1%	P 值	结果	ADF	1%	P 值	结果
牛肉进口到岸价	Import	−1.157	−3.525	0.6918	不平稳	−5.918	−3.527	0.000	平稳
国内牛肉价格	Domestic	−1.556	−3.525	0.5055	不平稳	−4.791	−3.527	0.000	平稳
巴西牛肉出口价格	Brazil	−1.43	−3.53	0.5687	不平稳	−5.371	−3.527	0.000	平稳
澳大利亚牛肉出口价格	Australia	−1.715	−3.525	0.4235	不平稳	−7.093	−3.527	0.000	平稳

（2）滞后阶数选择与模型稳定性判断

综合考虑 LL 检验、LR 检验、FPE 检验、AIC 信息准则、HQIC 信息准则和 SBIC 信息准则等检验结果，如表 5-23 结果所示，检验结果显示滞后 1 期有 5 个信息准则显著，最终确定该模型为 1 期滞后。进一步，建立 VAR 模型并绘制 AR 特征多项式逆根图（图 5-10），所有 AR 特征多项式的逆根均位于单位圆内，满足回归残差正态性的要求，不存在异方差，即 VAR 模型是稳健的。

表 5-23 VAR 模型滞后阶数检验结果

滞后期	LL 统计量	LR 统计量	FPE 准则	AIC 准则	HQIC 准则	SBIC 准则
0	696.494	—	9.9e−13	−16.294	−16.248	−16.179
1	755.782	118.58*	3.6e−13*	−17.313*	−17.081*	−16.738*
2	768.588	25.612	3.8e−13	−17.237	−16.821	−16.203
3	779.594	22.012	4.4e−13	−17.120	−16.519	−15.626
4	785.358	11.528	5.6e−13	−16.879	−16.093	−14.925

第五章 肉类进口与国内外市场的关系——以猪肉、牛肉为例

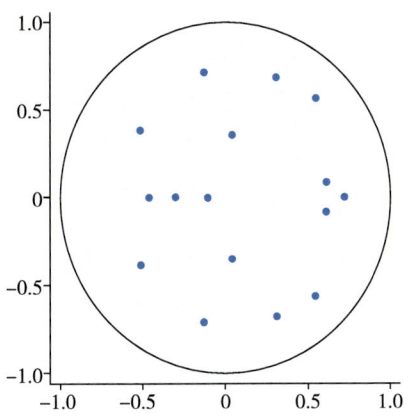

图 5-10 VAR 模型 AR 特征多项式逆根图

（3）格兰杰因果关系检验

经过格兰杰因果检验，可知牛肉进口到岸价与巴西出口价格和澳大利亚出口价格之间存在一定的价格传导关系。在 1% 的显著性水平下，巴西牛肉出口价格是国内牛肉进口到岸价的格兰杰原因，在 5% 的显著性水平下，澳大利亚牛肉出口价格是国内牛肉进口到岸价的格兰杰原因，即巴西和澳大利亚牛肉出口价格波动将会对中国牛肉进口到岸价产生影响（表 5-24）。

表 5-24 格兰杰因果检验结果

变量	因果关系	χ^2	P 值
牛肉进口到岸价	国内牛肉价格	6.654	0.155
	巴西牛肉出口价格不是格兰杰原因	25.497	0.000
	澳大利亚牛肉出口价格不是格兰杰原因	12.154	0.016
国内牛肉价格	牛肉进口到岸价不是格兰杰原因	1.626	0.804
	巴西牛肉出口价格不是格兰杰原因	0.350	0.987
	澳大利亚牛肉出口价格不是格兰杰原因	3.795	0.434
巴西牛肉出口价格	国内牛肉价格不是格兰杰原因	4.1522	0.386
	牛肉进口到岸价不是格兰杰原因	0.717	0.949
	澳大利亚牛肉出口价格不是格兰杰原因	4.945	0.293
澳大利亚牛肉出口价格	国内牛肉价格不是格兰杰原因	7.532	0.110
	牛肉进口到岸价不是格兰杰原因	4.366	0.359
	巴西牛肉出口价格不是格兰杰原因	4.120	0.390

（4）脉冲响应分析

脉冲响应分析主要展示一个内生变量的冲击给其他内生变量所带来的影响。由图

5-11脉冲响应结果可知,巴西和澳大利亚牛肉出口价格发生波动时,当期不会将影响传导给中国牛肉进口到岸价。第1期开始,中国牛肉进口到岸价将持续受到巴西牛肉出口价格较强的正向影响,至第4期,影响逐渐平稳。同样从第1期开始,澳大利亚牛肉出口价格对中国牛肉进口到岸价产生正向影响,第2期影响显著,在此之后影响逐渐减弱、平稳。

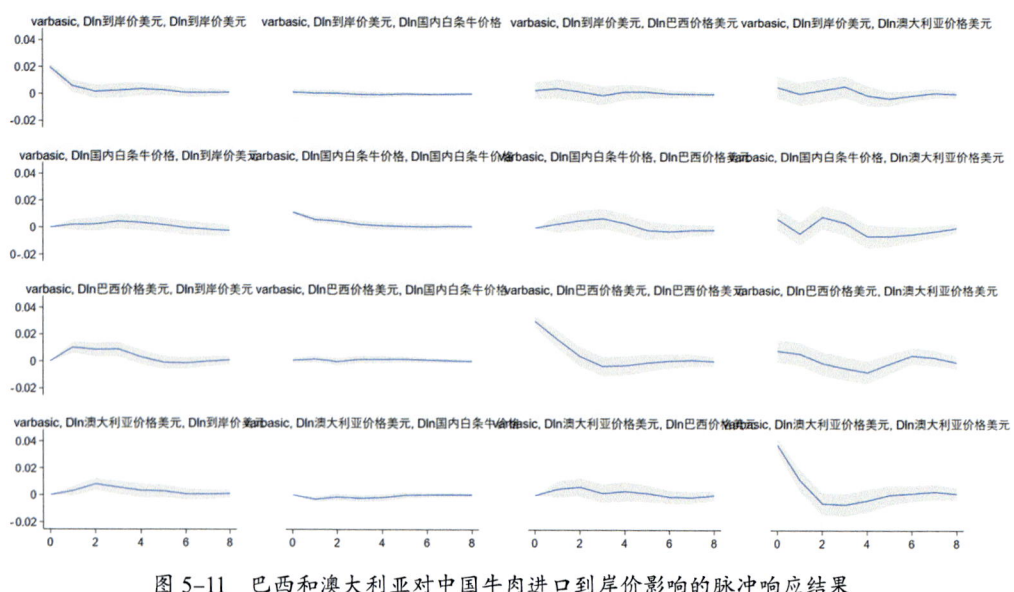

图5-11 巴西和澳大利亚对中国牛肉进口到岸价影响的脉冲响应结果

(5)方差分解分析

方差分解分析方法主要用于分析每个结构冲击对内生变量变化的贡献程度。格兰杰因果检验结果显示巴西和澳大利亚牛肉出口价格对中国牛肉进口到岸价有显著影响,本部分利用方差分解量化分析巴西和澳大利亚牛肉出口价格对牛肉进口到岸价波动的影响程度,从而验证主要进口来源国牛肉出口价格对中国牛肉进口到岸价的传导效应。如表5-25的方差分解结果所示,巴西牛肉出口价格对中国牛肉进口到岸价波动的影响程度随着预测期的增加先增强后减弱,经过4期后,巴西牛肉出口价格对中国牛肉进口到岸价波动的贡献度达到29.9%,之后随着预测期不断增加,贡献度回落稳定在28.5%,对中国牛肉进口到岸价影响程度较大。澳大利亚牛肉出口价格对中国牛肉进口到岸价波动的影响程度随着预测期的增加而增强,经过6期后,对中国牛肉进口到岸价的影响程度稳定在14.1%,影响显著。

表5-25 巴西和澳大利亚出口价格对牛肉进口到岸价影响的方差分解结果

预测期	巴西牛肉出口价格	澳大利亚牛肉出口价格
0	0.0	0.0
1	0.0	0.0

续表

预测期	巴西牛肉出口价格	澳大利亚牛肉出口价格
2	18.6	1.6
3	25.1	10.9
4	29.9	12.9
5	29.3	13.5
6	28.8	14.1
7	28.9	14.1
8	28.8	14.1
9	28.6	14.1
10	28.5	14.1
11	28.5	14.1
12	28.5	14.1

5.4 牛肉进口量影响因素

5.4.1 理论分析

产需缺口和国内外价差拉大是中国牛肉进口量不断增长的主要推动因素。从供需方面来看，2000年以来中国居民收入快速增长，消费水平显著提高，加之健康饮食的观念逐渐深入人心，牛肉消费需求不断增加，国内产量虽呈增长趋势，但仍不能较好地满足消费需求，长时间的产不足需推动牛肉进口量增速加快。从国内外价差方面来看，受仔畜和饲料成本居高不下的影响，中国肉牛生产成本较主要牛肉出口国家仍存在较大差距，在此背景下，进口牛肉更加具有竞争优势，刺激进口量增长。因此，从产需和价差角度出发，考虑生产、消费、收入和价格四方面研究中国牛肉进口量的影响因素，生产方面选取国内牛肉产量，消费方面选取国内人均牛肉及牛肉制品消费量，收入方面选取中国人均GDP，价格方面考虑巴西是中国第一大牛肉进口来源国，选取国内牛肉与巴西牛肉价格比值，同时考虑汇率变动因素影响，将人民币与美元汇率纳入考量。

本部分选取1995—2023年的年度数据，将国内牛肉产量、国内人均牛肉及牛肉制品消费量、中国人均GDP、国内牛肉与巴西牛肉价格比值和人民币与美元汇率作为解释变量，将中国牛肉进口总量作为被解释变量，构建中国牛肉进口贸易影响因素的多元线性回归模型，通过反复检验和修正，旨在对影响中国牛肉进口的相关因素及其影响强度进行探究剖析。

5.4.2 模型构建与数据处理

本部分选取国内牛肉产量、国内人均牛肉及其制品消费量、中国人均 GDP、国内牛肉与巴西牛肉价格比值和人民币与美元汇率作为解释变量，选取中国牛肉进口总量作为被解释变量，构建多元线性回归模型：

$$Y = f(X_1, X_2, X_3, X_4, X_5) \tag{5-15}$$

式 5-15 中，Y 为中国牛肉进口总量，X_1 为国内牛肉产量，X_2 为国内人均牛肉及牛肉制品消费量，X_3 为中国人均 GDP，X_4 为国内牛肉与巴西牛肉价格比值，X_5 为人民币与美元汇率（表 5-26）。

本模型选取的样本区间为 1995—2023 年，其中中国牛肉进口总量（Y）数据来源于中国海关总署；国内牛肉产量（X_1）数据来源于国家统计局；国内人均牛肉及牛肉制品消费量（X_2）数据由国家统计局与中国海关总署数据计算得出；中国人均 GDP（X_3）和人民币与美元汇率（X_5）数据来源于世界银行数据库（World Bank）；国内牛肉与巴西牛肉价格比值（X_4）来源于农业农村部畜牧兽医统计监测数据和联合国粮食及农业组织（FAO）数据库。

表 5-26 中国牛肉进口量影响因素的变量及预期符号

变量	含义	预期符号
Y	中国牛肉进口总量	
X_1	国内牛肉产量	—
X_2	国内人均牛肉及牛肉制品消费量	+
X_3	中国人均 GDP	+
X_4	国内牛肉与巴西牛肉价格比值	+
X_5	人民币与美元汇率	—

注：表中预期符号中，"—"表示预期符号为负，即变量对中国进口量存在负向影响；"+"表示预期符号为正，即变量对中国进口量存在正向影响。

由于样本数据间差异较大，因此对所有样本进行对数化处理，以缩小数据的绝对数值，方便模型的进一步计算。以上变量经过调整后，描述性统计如下表 5-27 所示。

表 5-27 变量描述性统计分析

变量	均值	最大值	最小值	标准差	样本量
LnY	1.38	5.61	−2.17	2.74	29
LnX_1	6.36	6.62	5.87	0.17	29
LnX_2	1.53	1.99	1.06	0.21	29
LnX_3	8.09	9.45	6.41	1.05	29
LnX_4	0.20	1.03	−0.97	0.63	29
LnX_5	1.99	2.12	1.81	0.11	29

5.4.3 实证结果分析

（1）相关系数检验

对本部分各变量间相关系数进行计算整理后结果如表 5-28 所示。

表 5-28 变量间相关系数

变量	LnY	LnX_1	LnX_2	LnX_3	LnX_4	LnX_5
LnY	1.00					
LnX_1	0.70	1.00				
LnX_2	0.82	0.93	1.00			
LnX_3	0.89	0.89	0.88	1.00		
LnX_4	0.88	0.89	0.86	0.96	1.00	
LnX_5	-0.78	-0.72	-0.63	-0.90	-0.83	1.00

观察解释变量与被解释变量间相关系数，LnY 与 LnX_3、LnX_4 之间的相关系数分别为 0.89 和 0.88，均大于 0.85，可知中国牛肉进口总量与中国人均 GDP、国内牛肉与巴西牛肉价格比值高度相关。同时，LnY 与 LnX_1、LnX_2、LnX_5 之间的相关系数分别为 0.70、0.82 和 -0.78，绝对值均大于 0.7，可得中国牛肉进口总量与国内牛肉产量、国内人均牛肉及牛肉制品消费量之间存在较强的正相关关系，与人民币与美元汇率存在较强的负相关关系。

观察解释变量之间的相关系数，LnX_1 与 LnX_2 的相关系数为 0.93，与 LnX_3 的相关系数为 0.89，均大于 0.85，说明牛肉产量与国内人均牛肉及牛肉制品消费、中国人均 GDP 之间存在高度相关关系。LnX_2 与 LnX_3 之间相关系数为 0.88，大于 0.85，说明国内人均牛肉及牛肉制品消费量与人均 GDP 之间高度相关。同理可知，国内牛肉与巴西牛肉价格比值和人民币与美元汇率也高度相关。由于以上变量之间的关联度大，相关系数数值较高，所以有可能导致该多元回归模型的最终结论存在多重共线性的问题。

（2）初步回归结果

通过前文的整理和分析，可以得到下面的多元回归模型函数表达式 5-16：

$$LnY = \beta_0 + \beta_1 LnX_1 + \beta_2 LnX_2 + \beta_3 LnX_3 + \beta_4 LnX_4 + \beta_5 LnX_5 + \mu \quad (5-16)$$

在上述函数中，β_0 为该回归函数的常数项，β_i 为该回归函数的第 i 个变量的系数，由于该回归模型对变量进行了对数化处理，所以 β_i 即表示该回归函数模型的弹性系数。μ 为随机干扰项，代指不能被解释变量解释的因素、数值等。

对数据进行 OLS 回归得到以下结果（表 5-29）。

表 5-29　1995—2023 年各因素对中国牛肉进口量的影响回归分析结果

变量	系数	标准误	T 值	P 值
LnX_1	−19.98	2.65	−7.53	0.00
LnX_2	15.38	2.86	5.37	0.00
LnX_3	−0.73	1.03	−0.07	0.944
LnX_4	2.96	0.88	3.35	0.03
LnX_5	−8.52	4.70	−1.81	0.08
C	121.81	23.61	5.16	0.00
拟合优度	0.9442		F 值	77.83
调整拟合优度	0.9312		P 值	0.00

本模型可决系数为 0.9442，调整拟合优度为 0.9312，代表 93.12% 的被解释变量可以被以上解释变量解释，总体 F 值为 77.83，大于临界值，其 P 值为 0.00，则可证明本模型在总体上显著，以上解释变量在总体上对被解释变量产生的影响是显著的。T 值用于检验各变量的显著性水平，此多元回归模型中的多个变量都没有通过变量的显著性检验。下面通过分析 VIF 值对选取的各个变量展开多重共线性检验（表 5-30）。

表 5-30　中国牛肉进口量影响因素的变量间多重共线性检验

变量	VIF	1/VIF
LnX_1	10.78	0.09
LnX_2	19.43	0.05
LnX_3	64.49	0.02
LnX_4	17.28	0.06
LnX_5	15.95	0.06

表 5-30 结果显示，LnX_1、LnX_2、LnX_3、LnX_4、LnX_5 对应的 VIF 值均大于 10，说明变量之间存在严重多重共线性问题。

（3）模型修正

由于模型存在严重的多重共线问题，所以需要对模型进行进一步修正。根据相关系数检验结果，对模型进行分组。

第一个分组选取解释 LnX_1、LnX_2 和 LnX_3，其组成的函数表达式（5-17）如下：

$$LnY = \alpha_0 + \alpha_1 LnX_1 + \alpha_2 LnX_2 + \alpha_3 LnX_3 + \mu \tag{5-17}$$

其中，LnY 为中国牛肉进口总量，LnX_1 为国内牛肉产量，LnX_2 为国内人均牛肉及牛肉制品消费量，LnX_3 为中国人均 GDP。

在第二个分组中选取的变量包括 LnX_4 和 LnX_5，其组成的函数表达式（5-18）如下：

第五章 肉类进口与国内外市场的关系——以猪肉、牛肉为例

$$LnY = \alpha_0 + \alpha_1 LnX_4 + \alpha_2 LnX_5 + \mu \qquad (5-18)$$

其中，LnY 为中国牛肉进口总量，LnX_4 为国内牛肉与巴西牛肉价格比值，LnX_5 为人民币与美元汇率。

①对模型进行第一次分组修正。对模型（5-17）进行 OLS 回归得到以下结果（表5-31）。

表 5-31 分组修正①回归结果

变量	系数	标准误	T 值	P 值
LnX_1	−16.88	2.88	−5.87	0.00
LnX_2	11.22	2.17	5.16	0.00
LnX_3	2.77	0.34	8.04	0.00
C	69.11	14.85	4.65	0.00
拟合优度	0.9159		F 值	90.74
调整拟合优度	0.9058		P 值	0.00

本模型 OLS 结果显示，可决系数为 0.9159，调整拟合优度为 0.9058，拟合优度较好。总体 F 值为 90.74，其 P 值为 0.00，模型总体通过显著性检验。LnX_1 的回归系数为 −16.88，T 值为 −5.87，其 P 值为 0.00，在 1% 的显著性水平下通过检验，证明国内牛肉产量对中国牛肉进口总量的负向影响显著成立，国内牛肉产量每增加 1%，中国牛肉进口总量会减少 16.88%。LnX_2 的回归系数为 11.22，T 值为 5.16，其 P 值为 0.00，在 1% 的显著性水平下通过检验，证明国内人均牛肉及牛肉制品消费量对中国牛肉进口总量的正向影响显著成立，国内人均牛肉及牛肉制品消费量每增加 1%，中国牛肉进口总量会增加 11.22%。LnX_3 的回归系数为 2.77，T 值为 8.04，其 P 值为 0.00，在 1% 的显著性水平下通过检验，证明中国人均 GDP 对中国牛肉进口总量的正向影响显著成立，中国人均 GDP 每增加 1%，中国牛肉进口总量会增加 2.77%。

下面通过方差膨胀因子对以上模型回归结果进行多重共线性检验（表 5-32）。

表 5-32 分组修正①多重共线性检验

变量	VIF	1/VIF
LnX_1	9.13	0.11
LnX_2	8.07	0.12
LnX_3	5.18	0.19
平均	7.46	—

结果显示模型平均 VIF 值为 7.46，LnX_1、LnX_2 和 LnX_3 的 VIF 值也均小于 10，证明变量间不存在多重共线性问题，通过 VIF 检验。

②对模型进行第二次分组修正。对式（5-18）进行 OLS 回归得以下结果（表

5-33）。

表 5-33　分组修正②回归结果

变量	系数	标准误	T 值	P 值
LnX_4	3.56	0.73	4.88	0.00
LnX_5	-1.64	4.40	-0.41	0.69
C	3.92	8.12	0.48	0.63
拟合优度	0.7757		F 值	44.96
调整拟合优度	0.7585		P 值	0.00

本模型 OLS 回归结果中，可决系数为 0.7757，调整拟合优度为 0.7585，拟合优度较好。F 值为 44.96，其 P 值为 0.00，总体通过显著性检验。LnX_4 的回归系数为 3.56，T 值为 4.88，其 P 值为 0.00，在 1% 的显著性水平下通过检验，证明国内牛肉与巴西牛肉价格比值对中国牛肉进口总量的正向影响显著成立，国内牛肉与巴西牛肉价格比值每增加 1%，中国牛肉进口总量增加 3.56%。LnX_5 的回归系数为 -1.64，T 值为 -0.41，其 P 值为 0.69，在 10% 的显著性水平下未通过检验，证明人民币与美元汇率对中国牛肉进口总量的影响不显著。

下面通过方差膨胀因子对以上模型回归结果进行多重共线性检验（表 5-34）。

表 5-34　分组修正②多重共线性检验

变量	VIF	1/VIF
LnX_4	3.29	0.30
LnX_5	3.29	0.30

结果显示 LnX_4 和 LnX_5 的 VIF 值均小于 10，证明变量间不存在多重共线性问题。

（4）研究结论

经过以上实证分析可知，中国牛肉进口总量受到国内牛肉产量、国内人均牛肉及牛肉制品消费量、中国人均 GDP、国内牛肉与巴西牛肉价格比值和人民币与美元汇率等多重因素的影响。其中，国内牛肉产量、国内人均牛肉及牛肉制品消费量、中国人均 GDP、国内牛肉与巴西牛肉价格比值对中国牛肉进口量影响显著。国内牛肉产量对中国牛肉进口总量产生显著负向影响，国内人均牛肉及牛肉制品消费量、中国人均 GDP 和国内牛肉与巴西牛肉价格比值对中国牛肉进口总量产生显著正向影响。实证分析结果具体解释如下：

在生产方面，国内牛肉产量与中国牛肉进口总量呈显著负相关关系。国内牛肉产量的回归系数为 -16.88，T 值为 -5.87，其 P 值为 0.00，在 1% 的显著性水平下通过检验，证明国内牛肉产量对中国牛肉进口总量的负向影响显著成立，国内牛肉产量每增加 1%，中国牛肉进口总量会减少 16.88%。

在消费方面，国内人均牛肉及牛肉制品消费量与中国牛肉进口总量呈显著正相关关系。国内人均牛肉及牛肉制品消费量的回归系数为 11.22，T 值为 5.16，其 P 值为 0.00，在 1% 的显著性水平下通过检验，证明国内人均牛肉及牛肉制品消费量对中国牛肉进口总量的正向影响显著成立，国内人均牛肉及牛肉制品消费量每增加 1%，中国牛肉进口总量会增加 11.22%。

在收入方面，中国人均 GDP 与中国牛肉进口总量之间呈显著的正相关关系。中国人均 GDP 的回归系数为 2.77，T 值为 8.04，其 P 值为 0.00，在 1% 的显著性水平下通过检验，证明中国人均 GDP 对中国牛肉进口总量的正向影响显著成立，中国人均 GDP 每增加 1%，中国牛肉进口总量会增加 2.77%。

在价格方面，国内牛肉与巴西牛肉价格比值和中国牛肉进口总量之间存在显著正相关关系，人民币与美元汇率对中国牛肉进口总量有影响但并不显著。国内牛肉与巴西牛肉价格比值的回归系数为 3.55，T 值为 4.88，其 P 值为 0.00，在 1% 的显著性水平下通过检验，证明国内牛肉与巴西牛肉价格比值对中国牛肉进口总量的正向影响显著成立，国内牛肉与巴西牛肉价格比值每增加 1%，中国牛肉进口总量增加 3.56%。人民币与美元汇率的回归系数为 −1.64，T 值为 −0.41，其 P 值为 0.69，在 10% 的显著性水平下未通过检验，证明人民币与美元汇率对中国牛肉进口总量的影响不显著。

第六章
肉类贸易商进口行为及其影响因素
——以猪肉为例

中国是全球猪肉生产和消费第一大国，猪肉市场供应基本形成了以国内生产为主，适度进口调节的模式。总体看，以贸易商为主体、相对灵活且运行稳定的猪肉进口贸易体系已基本建立。贸易商作为肉类进口贸易主体，其市场预期和行为决策对于肉类进口调控起到重要的作用。本章从微观视角出发，探究猪肉进口贸易商市场预期和决策行为的影响因素。分析贸易商关于市场形势预判的影响因素，厘清猪肉贸易流程及周期，分析影响其选择不同进口来源市场和供应商猪肉产品的关键因素，研判贸易商进口相机行为调整的主要影响因素，找出目前贸易商从事猪肉进口贸易行为决策过程中存在的问题，为第7章引导贸易商适时适度进口、优化肉类进口调控战略提供政策建议。

6.1 贸易商属性及进口特征分析

为了进一步研究中国肉类进口贸易影响因素，本部分基于微观视角，通过线上线下相结合的调研方式，共收集有效调研问卷106份，根据所收集的样本数据，分析中国猪肉进口贸易主体特征，为猪肉进口贸易主体行为决策的影响因素分析奠定基础。

6.1.1 贸易商个体属性

贸易商以中青年为主，总体受教育程度较高。从贸易商年龄段分布来看，36～45岁年龄段的受访者占比最大，达到47.2%，其次是26～35岁年龄段，占比29.3%，大部分受访者为中青年，该群体了解和收集行业信息能力较强，更易接受外部信息（图6-1）。从文化程度来看，受过本科阶段教育的贸易商占比最大，为52.8%，其次是受过大专教育的贸易商，占比为19.8%，总体来看，受过本科及以上高等教育的贸易商占据多数，累计占比超过60%（图6-2）。从所调研的贸易商所在地来看，主要来自东部沿海地区，港口众多，对外交通和贸易便利，通关手续更加便捷，通关耗时更少，更有利于猪肉进口贸易的发展。

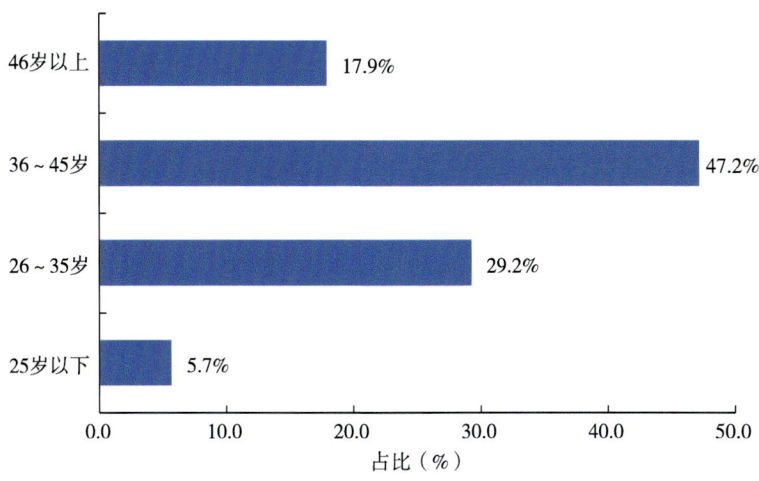

图 6-1 猪肉进口贸易商个体年龄情况

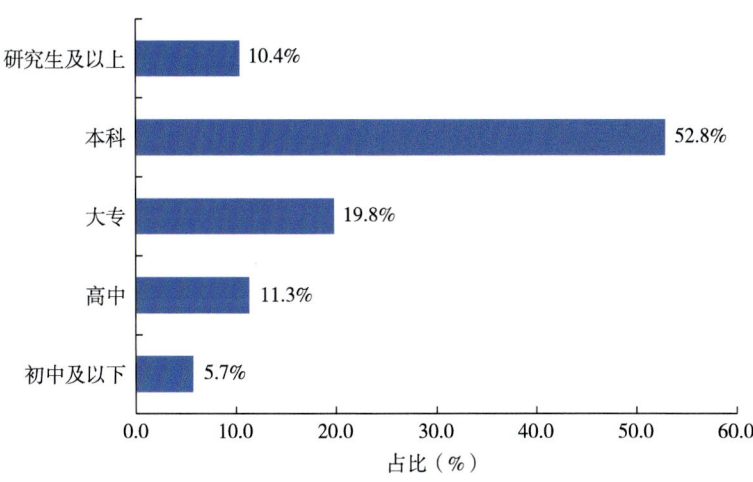

图 6-2 猪肉进口贸易商受教育程度情况

猪肉进口贸易主体以私营类型进口商为主，且多数具有较长时间的经营经验，经验成为影响其进口行为的重要因素。从贸易商所有权类型来看，以私营企业为主，占比超过80%，其次是国有企业、外资企业，占比分别为14.2%、4.7%（图6-3）。从经营类型来看，以进口商为主，占比超过一半，其次是分销商和代理商，占比分别为17.6%、14.9%，然后是食品加工企业。从贸易商从事猪肉进口年限来看，从事五年以上的贸易商占比超过一半，从事1～5年的贸易商占据1/3以上（图6-4）。总体来看，参与调研的贸易商从事该行业时间较长，已具备一定的行业经营经验，经验是影响其市场预期和行为决策的重要因素。

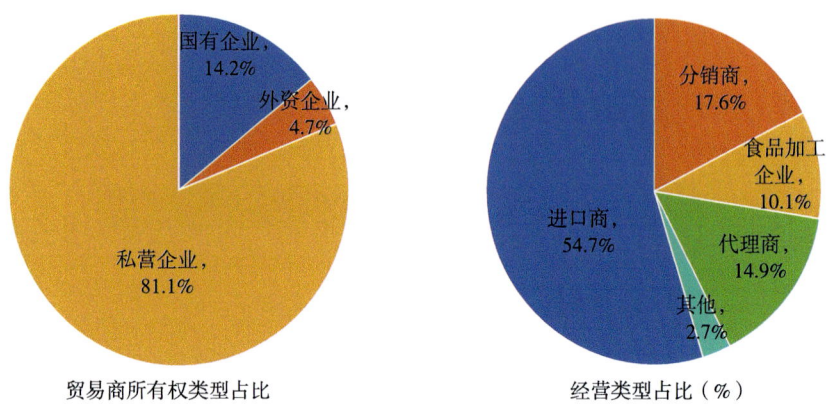

图 6-3 猪肉进口贸易商企业类型情况

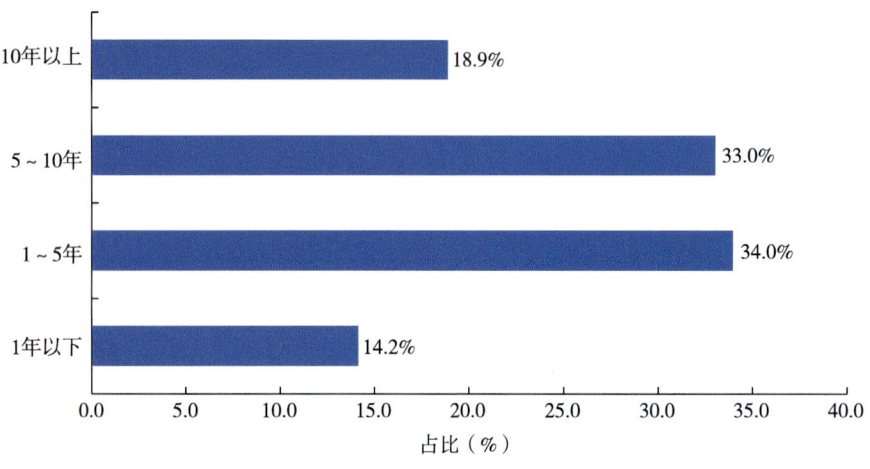

图 6-4 贸易商从事猪肉进口年限情况

6.1.2 进口规模及类型

贸易商进口规模和纯肉类产品进口占比受国内市场价格持续回落影响均下降。从贸易商进口规模来看，2020年以来贸易商进口规模在"260吨/月以下"呈现增长趋势，其他更大的进口规模则总体呈现下降趋势，说明国内猪肉市场和猪肉贸易市场波动导致进口需求下降以及进口企业规模结构调整。纯肉类占比呈现先增后降趋势，近两年降幅也较大（图6-5）。从进口产品类型来看，2020年以来中国贸易商进口猪肉产品主要有三种，分别是纯肉类、骨头类以及杂碎类产品，近两年受国内猪肉价格低位，纯肉类进口占比明显下降，骨头类产品有所提升。

第六章 肉类贸易商进口行为及其影响因素——以猪肉为例

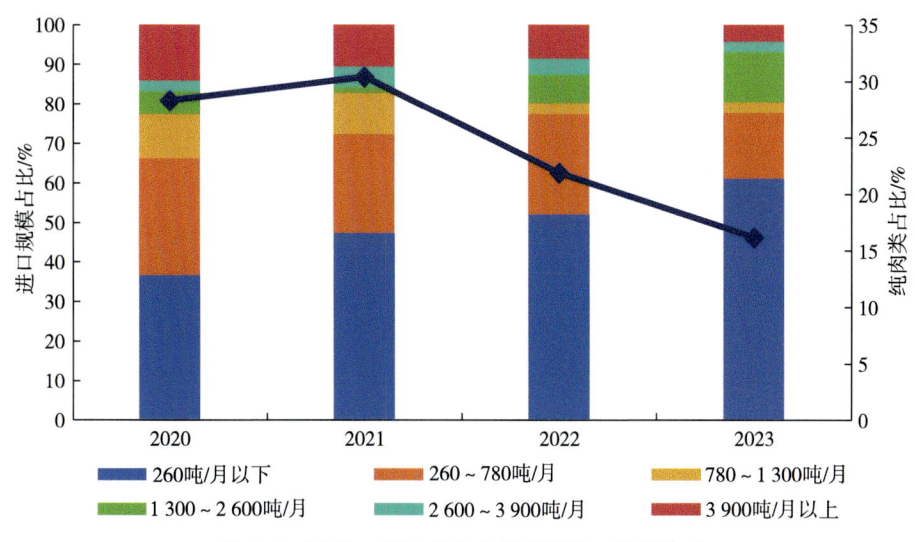

图 6-5 2020—2023 年猪肉贸易商进口规模情况

6.1.3 贸易商客户类型

进口猪肉主要有四种贸易流通方式（图 6-6）：一是国内贸易商与国外贸易商达成直接合作协议，自国外肉类生产企业进口猪肉，随后分销至国内工厂或分销商；二是国内工厂和分销商直接与国外贸易商合作，由其协助进口国外肉类生产企业的猪肉；三是国内贸易商自国外屠宰加工企业直接进口，再分销至国内分销商和肉制品加工厂；四是国内工厂和分销商直接与国外屠宰加工企业达成贸易关系，直接进口猪肉产品。国内城市分销商取得进口猪肉后，销售至大型连锁餐饮或通过批发档口和供应链公司分销至中小型餐饮或零售店铺。国内工厂则通过加工成品或半成品，销售至大型餐饮、下一级代理商或批发商，然后再进行分销。由于国内居民以热鲜肉为主的消费习惯，80%～90% 的进口冻猪肉会直接进入加工厂或餐饮企业，很少直接流入居民消费市场，此外，还有部分进口冻猪肉会进入国内冻库之中。

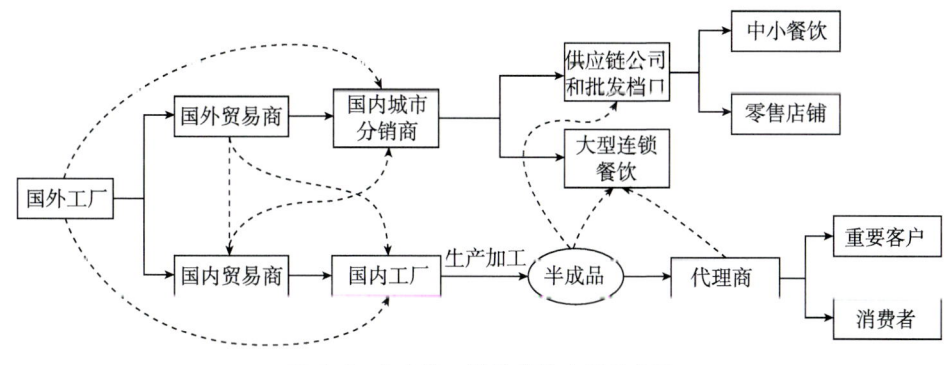

图 6-6 猪肉进口贸易销售流程示意图

贸易商客户类型以批发商为主。从贸易商主要客户类型来看（图 6-7），二级及以下批发商占比最大，占比为58.1%，其次是食品加工厂，占比为34.0%，然后是餐饮、食堂和熟食店等，占比为25.6%，其他客户类型包括菜市场、商超、自用以及电商等。总体来看，冻品流通渠道以批发市场为主，此外，还有一部分直接进入销售终端。由此可见，国内冻品市场与鲜猪肉市场是两个市场，多数情况下两者是平行状态，在国内供给明显偏紧或者明显宽松时，两者会互相影响。在国内供给偏紧时，一方面价格较低的冻猪肉替代了一部分肉制品加工所需的国内活猪，另一方面猪价较高刺激部分贸易商将冻品加工生产成冷鲜猪肉，有利于缓解国内猪价过度上涨局面；在国内供给宽松时，大量低价冻品进入加工和餐饮领域，减少了部分消费群体对国内鲜猪肉的消费需求，容易加剧国内猪价低迷的局面。

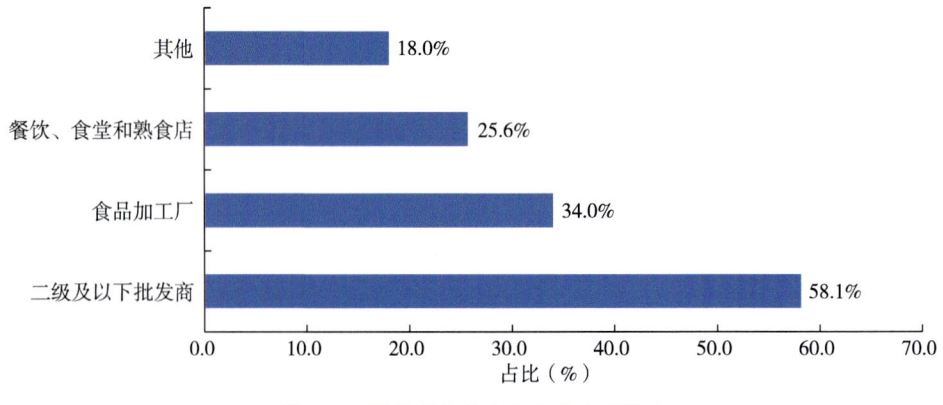

图6-7 贸易商国内主要客户类型情况

6.1.4 贸易商经营情况

高进口量和进口价格遭遇国内猪价持续下行，2021年以来贸易商亏损幅度加大。从贸易商经营情况来看，受国内猪肉供给不足、国内猪价较高的影响，国内外价差较大带动2019年和2020年猪肉进口量大幅增加，大部分贸易商处于盈利状态，2021年以来随着国内生猪产能恢复，猪肉供给逐渐增加，猪肉进口量持续下降，同时欧洲猪价上涨和国内猪价回落导致国内外价差缩小，高进口价格遭遇国内猪价下行，企业经营收入持续下降，2023年大部分贸易商处于亏损状态，且亏损幅度极大。进口贸易所需资金量较大，在过去四年中有超过三分之一的贸易商有过融资情况，资金需求大叠加亏损，导致猪肉贸易商融资需求快速扩大。从融资来源看，60%的贸易商融资来自报关代理商，其次是专业资金公司、猪肉市场融资方等第三方资金，占比为27.5%，冷库等存放单位和银行也是贸易商融资来源方，但相对占比较小（图6-8）。

第六章 肉类贸易商进口行为及其影响因素——以猪肉为例

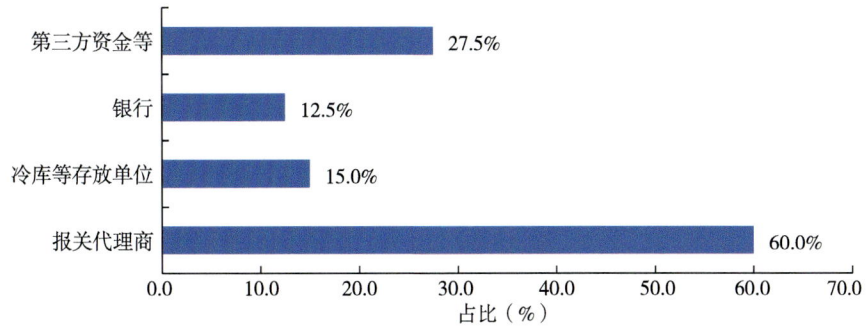

图6-8 贸易商融资来源类型及占比情况

6.2 贸易商行为决策影响因素分析

市场预期误判以及相应的进口行为决策失误导致进口量与国内市场实际进口需求不匹配，加重了供给过剩的局面，贸易商亏损严重。近两年生猪产能快速恢复并保持高位，国内猪肉价格暴跌，国内冻品库存持续呈现高位，冻品价格则呈现低位，是2020年以来贸易商亏损幅度加大的主要原因。市场预期对于猪肉进口行为具有中介效应，市场预期以及猪肉市场价格波动均会影响贸易商进口量、进口品种、进口来源的选择行为。由于生猪养殖周期和猪肉进口贸易周期等影响，进口相机调整行为较国内市场形势变动存在滞后性。

6.2.1 市场预期影响因素

贸易商市场看涨属性影响其市场预期指标的选择和预期方向。与生猪养殖户一样，猪肉进口贸易商更倾向于对未来市场看涨。由于进口猪肉市场具有"双侧重"的特征，受生猪市场和餐饮加工消费双重影响，生猪市场预期和冻品市场预期均影响其进口行为决策。贸易商生猪市场预期依据指标主要选择国内当前猪价和国内供给指标，贸易商冻品市场预期影响指标则主要是国内冻品库存和餐饮加工需求。从生猪市场预期来看，国内当前生猪价格、仔猪价格、二元母猪价格等价格指标是贸易商预判未来猪价最主要的依据，是贸易商进口决策滞后于供需形势转变的根源。其次是国内仔猪供给量、生猪屠宰量、国内5月龄以上生猪存栏量、猪饲料产量等反映国内生猪供给形势的指标，说明经历过去3年冻品市场波动后，贸易商开始由过去仅依赖猪价和从业经验转变为通过综合生猪产能前瞻性指标和市场指标研判市场。仔猪供应量决定了6个月后的商品猪供给，且贸易周期为3个月和冻品最佳贮存期为5个月以内，因此仔猪供给量是贸易商研判产需形势最重要的指标。从贸易商冻品市场预期来看，国内冻品库存是最主要的参考指标，冻品库存较多意味着国内供给较为充足，过量进口会导致库存积压，仓储成本也会增加，冻品相当一部分是用于餐饮加工行业，故国内餐饮加工需求情况也是贸易商冻品市场预期的影响因素之一。此外，CPI、GDP、就业形势以及家庭收入等宏观经济形势指标也会作为预判市场的参考指标（图6-9）。

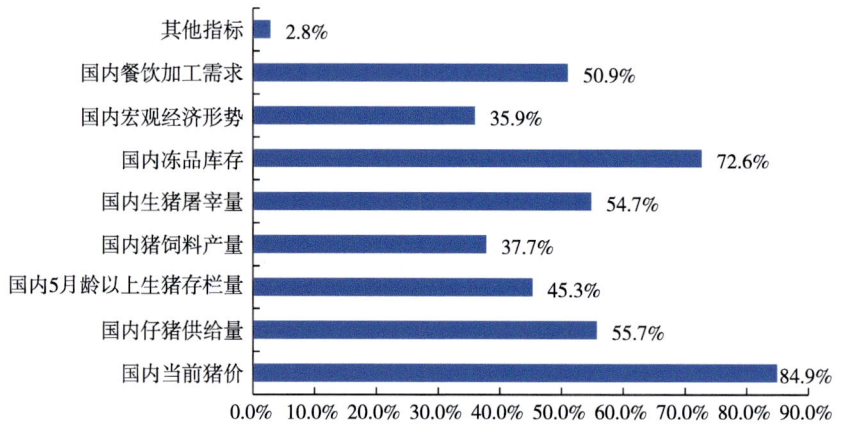

图6-9 贸易商未来猪价走势预测的参考指标

市场预期信息主要来源于贸易商群体内部。由于贸易商的组织化水平较低，其市场研判主要来自个人经验、市场同行以及供应商，尤其是个人经验占比高达74.5%，其市场预期的形成受个人主观意识影响程度较高，尽管也会参考中国海关、农业农村部、商务部等官方渠道公布的信息，但占比相对前者较低，行业咨询机构和抖音、快手等自媒体信息也对贸易商预期有影响，特别是在出现炒作现象时。官方预警信息对贸易商市场预期影响最小，仅占4.7%，可见政府猪肉市场预警体系的效果还存在较大的优化空间（图6-10）。

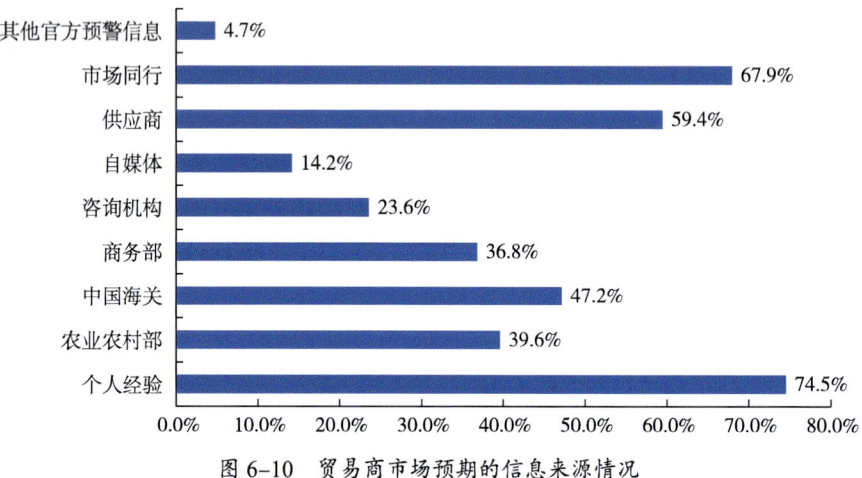

图6-10 贸易商市场预期的信息来源情况

6.2.2 进口决策影响因素

贸易商进口决策受市场预期、现货市场、经贸关系以及贸易政策等多方面因素影响

(图 6-11)。从进口量调整影响因素来看，主要根据国内当期猪价、对未来猪价预期、国内外猪肉价差变动、动物疫病、关税调整以及汇率因素来做参考；从进口市场调整影响因素来看，主要受出口国报价、出口国屠宰工艺、产品品质、国外供应稳定性、国际关系变化（政治关系、经贸关系）等因素影响；从进口品种结构影响因素来看，国内猪价波动是最主要的影响因素。中长期来看，贸易商决策行为主要受国内生猪存栏量、国内能繁母猪存栏量等因素的影响。除此之外，贸易决策还受贸易商个体偏好等因素的影响。贸易商作为猪肉进口贸易主体，其行为决策的影响因素对于猪肉进口调控战略制定具有重要的参考意义。因此，本节从微观视角上，对猪肉贸易商进口决策的影响因素进行分析，研究贸易商进口量、进口市场以及进口品种结构调整的影响因素，以期更加科学地研判中国猪肉进口贸易的影响因素。

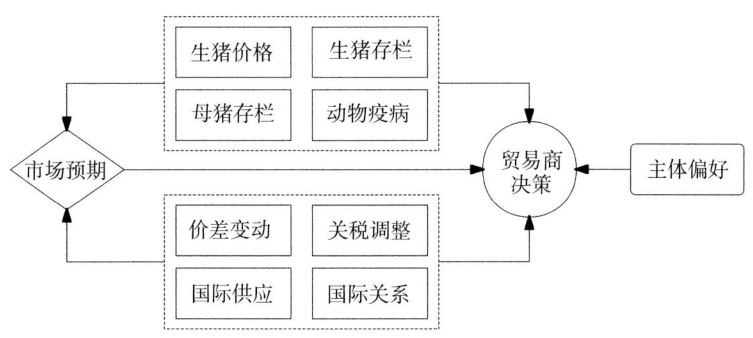

图 6-11　贸易商决策行为分析框架

（1）进口量调整影响因素

国内贸易商进口量调整的决策受基于未来猪肉价格走势和国内外价差预期影响。一般在猪价看涨时，近端进口、远端销售能够形成进口利润，有利于促进猪肉进口；相反，猪价看跌时则国内贸易商进口积极性不高。猪价处于上涨通道时，进口猪肉产品到岸价格由国外猪肉供应商定价，即贸易定价权在国外，可能会出现进口到岸价格高于国外猪肉价格的情况，压缩进口利差。另外，国外猪肉供应商一般会根据出口利润决定贸易流向。例如美国的肉企出口猪肉，会比较中国、东南亚、韩国、日本、加拿大、墨西哥等国家和地区的出口利润，倾向向利润较大的国家出口，以求获得更大的利润。贸易商基于预期来研判未来国内外价差来调整进口行为，根据调研情况来看，价差在 4196 元/吨以上才会开始增加猪肉进口量，价差一般缩小到 1931 元/吨时，贸易商会减少猪肉进口量（表 6-1）。不同贸易商通过国内外价差参考值来调整进口量的差异较大，这可能与贸易商经营策略、资金状况、市场需求等多种因素有关。国内外价差变动对猪肉进口量决策可能还受贸易商与国外供应商间合作关系影响，同时由于冻品出库时间集中于下半年尤其是国庆和春节前，在价差缩小时，贸易商也可能会因为合同约束而继续进口一定数量的猪肉或者基于对下半年看涨预期而稳定或者增加进口量。因此，贸易商进口量调整行为所需时间相对较长，一般需要6个月左右贸易量才会呈现显著变化，同时猪价处于上涨阶段或者高位时，贸易商调整进口量的速度快于猪价下跌时或者处于低位时。

表 6-1 贸易商调整猪肉进口量的价差参考指标描述性统计

变 量	观测值	平均值	标准偏差	最小值	最大值
价差扩大	106	4712	4196	1000	20000
价差缩小	106	1931	1675	100	8000

上年国内猪肉价格走势会影响下年猪肉进口量。从国内猪肉价格与猪肉进口量变化趋势来看，在大部分年份，当上半年国内猪肉价格较高、下半年国内猪肉价格较低时，贸易商经营利润下降，会减少下一年合同订单进口猪肉数量，进而导致第二年猪肉进口总量有所下降（图6-12）。当然，部分年份也有特殊情况，如当年上半年国内猪价低、下半年国内猪价高时，第二年猪肉进口量仍呈现下降趋势，这种情况主要是与当年国内生猪价格总体偏低有关，而2013年和2014年是由于全年国内猪价均偏低，导致这两年国内猪肉价格走势对于第二年猪肉进口数量影响减弱，促使下年进口数量降幅较小。

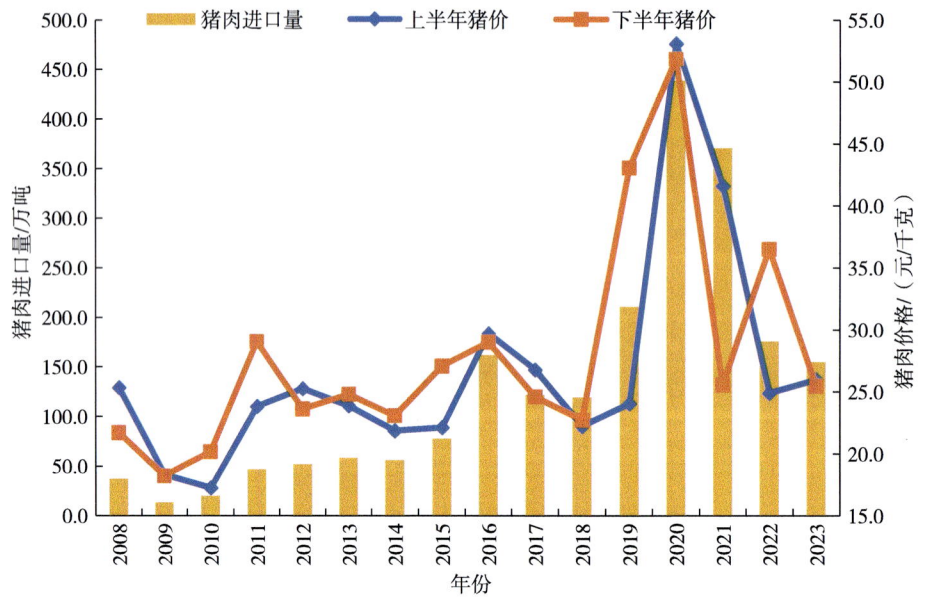

图 6-12 2008—2023年国内猪肉价格与猪肉进口量变化情况

贸易政策变化也是影响贸易商进口量调整的重要因素。从贸易政策法规重要程度来看，关税和增值税直接影响猪肉进口成本，是进口宏观调控的重要手段，因此也是猪肉进口贸易商最关注的政策因素（图6-13）。个别年份猪肉关税调整为临时关税，由12%降至8%，一般发生在国内猪价高位时，政策调整和市场需求叠加会刺激贸易商调整进口量，带动猪肉进口量激增。国内生猪市场相对平稳时，关税恢复常态水平，进口成本增长叠加市场预期调整，猪肉进口量回落。增值税方面，2019年由13%调整为9%后一直保持稳定，因此其在贸易商关注因素中的重要程度相对较低。同时，国家间经贸关系的稳定性关系到两国直接的贸易往来，影响到猪肉进口市场份额的变动。政治关系也是影响猪肉贸易的重要因素，譬如由于中美贸易摩擦，促使近年来自美国进口的猪肉产品数量下降。

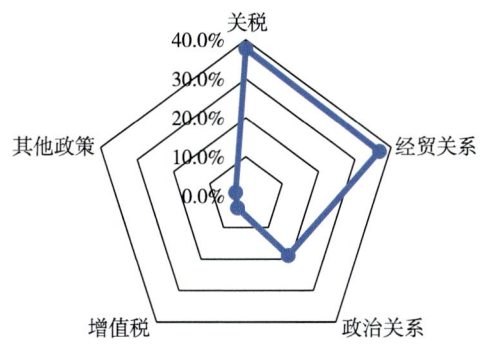

图6-13　猪肉贸易政策法规因素重要程度示意图

贸易商进口量调整决策时间一般较实际进口量调整提前3个月内。大部分贸易商拟定合同时间需要较进口猪肉到港时间提前3个月以内，占比58.5%，其次是1个月以内和提前3～6个月，分别为21.7%和17.0%（图6-14），主要是由猪肉进口贸易销售周期来决定。猪肉进口贸易商从与国外供应商达成购买协议开始，到运输到港结束，前后大约需要3个月时间。具体过程：一是贸易商与国外工厂达成进口协议，时间在出口装船日期前的一个月进行；二是装船和运输，根据运输距离的远近，需要35～55天，如欧洲至中国的运输时间约35天，美国西海岸约25天，美国东海岸为55～60天；三是到岸后报关和报检，到港后一般需要3～5天完成报关、报税以及报检。通关方面，海关审批手续相对烦琐，审批时间过长和手续办理不便利等问题都会影响猪肉进口贸易商的经营效率。总体来看，中国猪肉进口贸易过程需要3个月左右时间。由于中国进口猪肉没有有效的套保方法，协议签订时便确定交易价格，其后3个月时间内国内猪肉进口商将面临猪肉价格波动的市场风险。部分贸易商提前1个月以内签署合同主要发生在以下两种情况下：一是国内猪肉短期供给不足、猪价大幅上涨时，进口需求激增，贸易商对未来市场上涨趋势确定，为提前锁定货源，会加快进口量调整决策速度，从而确保未来供应的稳定性；二是在猪价稳定、需求稳定时，进口商自代理商进口，可以基于市场需求及时调整进口量。提前3～6个月的比例非常少，主要有以下2个原因：一是国际猪肉进口需求增长、货源供应紧张时，签订合同时间拉长；二是生猪市场波动较大时，签订合同提前时间越长面临风险越大。

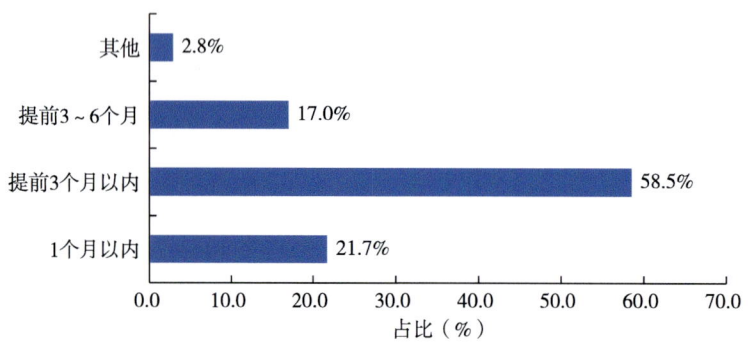

图 6-14 贸易商调整进口决策时间情况

（2）进口市场选择影响因素

价格竞争力是贸易商进口市场选择最重要的影响因素。从重要性来说，影响贸易商猪肉进口来源市场决策的因素依次为：进口来源市场价格、国外屠宰企业资源、进口来源市场体量、屠宰工艺、政经关系和运输距离。进口来源市场价格因素比重高达80.2%（图6-15）。例如，近几年中国自巴西进口量大幅增长，特别是2023年巴西超过西班牙成为中国最大的进口来源市场，生猪成本竞争力是重要的推动因素。中国猪肉进口需求量较大，稳定供应也是进口市场选择的重要影响因素，具备输华资质的屠宰企业数量和进口来源市场体量分别占比51.9%和50.9%，屠宰企业数量越多、屠宰产能越高，对国际市场的供给能力越稳定、供应品种越丰富；国外屠宰工艺因素影响占比49.1%，不但影响产品品质，也影响进口猪肉二次加工后贸易商的加工成本和销售利润。例如欧盟屠宰工艺较高，更符合中国市场的需求，因此，尽管2021年开始自欧盟进口猪肉量下降，但仍然维持较高量级。双方政经关系稳定性会影响贸易商的选择，例如自加拿大猪肉进口量的下降、自巴西进口量的增长以及欧盟维持中国最大进口来源市场、中美贸易摩擦背景下自美国进口猪肉下降都是受此影响。从进口成本来说，来源国猪肉价格与运输成本直接影响进口成本，运输距离不但影响运输成本，也影响产品运输损耗率。

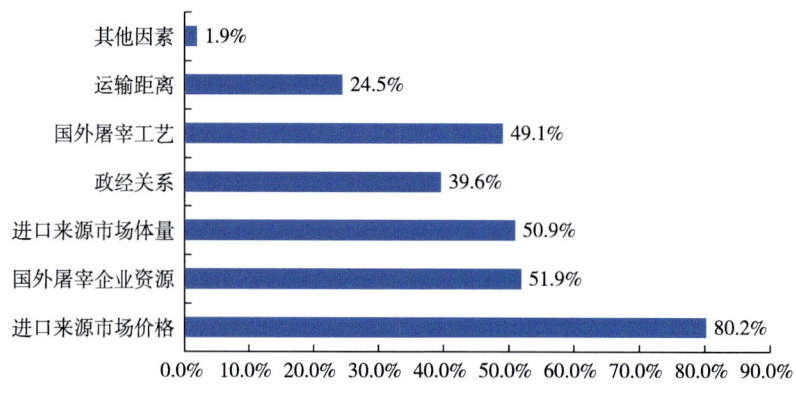

图 6-15 贸易商选择猪肉进口来源市场的影响因素

第六章 肉类贸易商进口行为及其影响因素——以猪肉为例

从主要进口来源市场来看，纯肉类猪肉、骨头类猪肉和杂碎类进口来源市场决策影响因素差异较大（表6-2）。从纯肉类产品价格来看，超过一半的贸易商认为南美洲市场价格更具有优势，其次是欧洲、北美洲，2022年以来欧盟猪肉价格大幅上涨，导致其纯肉类猪肉价格竞争力大幅下降，北美洲生猪成本虽然具有竞争力，但政经关系等因素影响了其猪肉出口价格竞争力。从骨头类产品价格来看，接近60%的贸易商认为欧洲市场价格更具有优势，占比高达59.4%，其屠宰工艺更符合中国市场需求，兼具供应量充足的特征，因此欧洲是骨头类猪肉产品最主要的进口来源市场。从杂碎类产品价格来看，超过一半的贸易商认为欧洲市场价格更具有优势，一方面杂碎类产品在欧洲消费量低，价格便宜，另一方面欧盟贸易商倾向于以"猪肉+杂碎"组合的方式对华出口，南美洲杂碎虽然也具备价格优势，但其屠宰加工企业规模和质量仍然不高，影响其杂碎的出口。

表 6-2 贸易商进口市场调整的影响因素占比 单位：%

地区	屠宰加工工艺更符合	纯肉类价格具有优势	骨头类价格具有优势	杂碎类价格具有优势
欧洲	67.92	36.79	59.43	55.66
北美洲	5.66	12.26	16.04	17.92
南美洲	26.42	50.94	24.53	26.42

从具体供应商选择来说，价格优势和品质保障是主要参考因素（图6-16）。供应商的价格优势是贸易商选择供应商最看重的因素，同一个国家不同供应商猪肉产品报价存在差异，更低的产品价格往往是获取客源的最具竞争力的因素；供应商的品质保证、供应稳定和服务质量也是影响贸易商选择供应商的因素。国外小型屠宰场一旦遇到经营风险，受限于规模较小，抗市场风险能力较弱，相对于大规模屠宰场更容易出现破产甚至倒闭情况，大规模屠宰场经营机制相对也较为完善，服务质量也较高。与服务质量较高的供应商沟通合作会更加顺畅，合作满意度较高，因此贸易商往往会选择与交易规模较大、抗风险能力较强、供应更加稳定和服务质量高的供应商签署贸易合同。

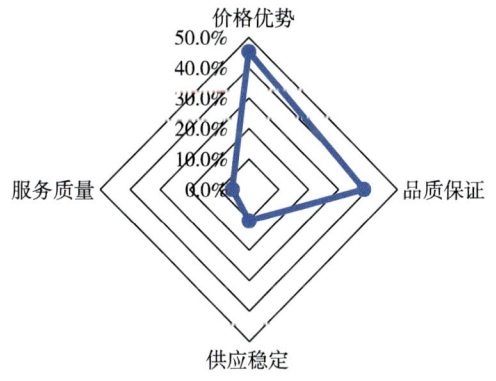

图 6-16 贸易商选择供应商影响因素重要程度示意图

6.2.3 进口相机行为调整影响因素

市场预期下跌时贸易商相机调整进口量、进口来源和进口品种结构。由于其看涨属性以及进口周期较长等因素影响，贸易商相机行为的调整相对迟缓，一般需要6个月左右。从调整方式来看，当贸易出现亏损、预期猪价仍将下跌时，选择暂停进口或者减少纯肉类进口量是首要选择，分别占62.3%和59.4%，以避免企业亏损加剧；除调整进口量外，46.2%的贸易商会选择价格更具有优势的其他进口来源国，通过降低进口成本减缓经营亏损情况；贸易商选择将进口产品调整为杂碎和骨头类猪肉也是进口相机行为调整的方式之一，合计占45.3%（图6-17）。

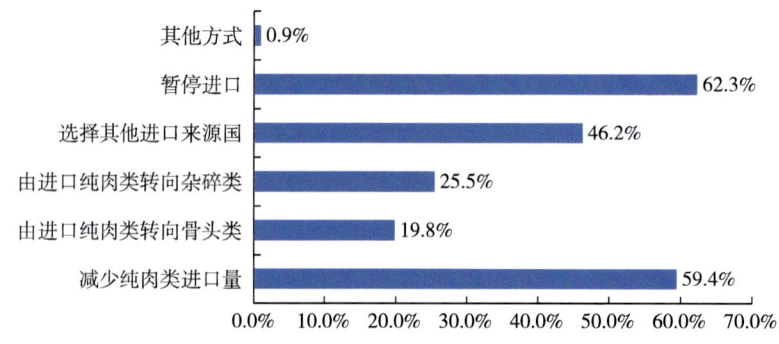

图6-17 亏损状态下贸易商的调整方式选择情况

从不同产品进口来源市场选择行为来看，纯肉类进口市场由欧洲转向南美洲，骨头类进口市场则仍以欧洲为主。从调研贸易商纯肉类进口来源占比情况来看，欧洲市场占比最大，但呈现逐年下降趋势，由2020年的60.8%降至2023年的48.9%，下降11.9个百分点，南美洲和北美洲占比呈现增长趋势，分别由2020年24.2%、37.0%增至2023年35.1%、47.4%。从骨头类进口市场占比情况来看，欧洲市场近四年平均占比接近70%，2023年占比为67.5%，南美洲和北美洲占比分别由2020年的27.0%、36.5%增至2023年的32.2%、37.8%（表6-3），这是受2023年欧洲生猪生产成本大幅上涨、北美洲和南美洲生产成本下降影响。从具体国家来看，选择从巴西进口纯肉类呈现增长趋势，其余国家总体呈现下降趋势，其中，荷兰、法国、丹麦以及加拿大进口市场的降幅较大（表6-4），这主要受巴西生猪屠宰产能的提升叠加价格优势等因素影响，促进对华出口纯肉类产品数量的增加，但由于欧洲允许输华的屠宰厂数量更多，促使其进入中国的纯肉类产品数量仍较多，占据中国大部分市场份额。

表6-3 贸易商进口纯肉类和骨头类市场占比情况 单位：%

年份	欧洲占比		北美洲占比		南美洲占比	
	纯肉类	骨头类	纯肉类	骨头类	纯肉类	骨头类
2020年	60.80	69.00	24.20	27.00	37.00	36.50
2021年	56.30	70.50	25.10	26.60	39.50	34.20

续表

年份	欧洲占比		北美洲占比		南美洲占比	
	纯肉类	骨头类	纯肉类	骨头类	纯肉类	骨头类
2022年	49.60	69.50	27.00	27.50	48.60	32.60
2023年	48.90	67.50	35.10	32.20	47.40	37.80
平均	53.90	69.10	27.90	28.30	43.10	35.30

表6-4 贸易商进口纯肉类的国家（地区）占比情况 单位：%

国家（地区）	2020年	2021年	2022年	2023年	平均
西班牙	69.81	70.75	66.04	65.09	67.92
巴西	46.23	51.89	50.00	51.89	50.00
荷兰	28.30	24.53	21.70	18.87	23.35
丹麦	17.92	15.09	15.09	8.49	14.15
美国	30.19	23.58	23.58	18.87	24.06
法国	22.64	17.92	16.04	16.98	18.40
智利	14.15	15.09	17.92	13.21	15.09
加拿大	13.21	11.32	8.49	12.26	11.32
英国	21.70	16.04	15.09	11.32	16.04
爱尔兰	12.26	12.26	9.43	5.66	9.90
其他国家（地区）	21.70	19.81	22.64	19.81	20.99

第七章
主要研究结论及展望

加入WTO后，国际肉类贸易规模持续增长，"十三五"开始国内外市场联动性增强，国内畜牧产业和肉类市场受国际市场影响加大，如何合理引导和调控肉类进口以充分利用国际市场达到稳价保供作用成为关注的重点。为此，本书通过构建肉类进口贸易影响的理论分析框架，基于"宏观视角肉类进口贸易影响因素"和"微观视角肉类进口贸易商行为影响因素"两个核心问题，围绕"肉类进口价格、肉类进口量、肉类进口贸易商"三个核心要素，开展一系列实证分析、问卷调研研究，找出影响肉类进口量价的机理。本章在前面章节进行中国肉类进口贸易演变趋势、特征及影响因素定性定量相结合分析，以及肉类进口贸易商行为影响因素等研究的基础上，对主要研究内容总结归纳，并提出对肉类进口贸易宏观调控、引导贸易商合理进口、保障肉类进口有效供给的对策建议。

7.1 研究结论

目前，中国肉类进口过量、进口时机把握不科学等问题依然存在，研判肉类进口与国内外市场的关系，测算不同时间维度肉类进口数量的影响因素，探究贸易商决策行为的影响机理，对肉类进口贸易战略调整具有重要意义。

（1）进口引力与出口市场和出口结构的交互作用促进中国畜产品进口贸易增长。市场效应的拉动作用增强，而商品效应则正负交替变化，"十三五"开始消费需求、进口引力等因素带动进口商品结构集中和进口市场转换。具体来看，1995—2022年中国畜产品进口增长主要来自二阶效应，即畜产品进口引力与出口市场和出口结构的共同作用促进中国畜产品进口规模的快速增长；引力效应是促进中国畜产品进口增长的第二大影响因素，中国畜产品进口引力随世界经济形势的起伏而波动，进口引力的变化方向和世界畜产品出口供给规模的方向始终保持较为一致。

（2）成本竞争力差异推动猪肉进口体量增长和进口市场转移。目前，中国猪肉进口

第七章 主要研究结论及展望

主要起到补充作用，对外依存度绝大多数年份低于5%，处于相对安全的水平。从进口特征来看，猪肉进口量价波动存在较高协同性，主要进口鲜冷冻猪肉和猪杂碎，在国内猪价高位时，主要进口纯肉类产品，猪价低位时具有刚性需求的骨头类、杂碎类产品比例提升；进口市场集中度仍较高，自欧盟进口开始下降，自巴西进口则有所增加。从影响因素来看，成本要素推动猪肉进口体量增长，国内市场周期性波动带动每轮猪周期进口量先增后减，进口来源市场变动受国内外猪肉价差、经贸关系、技术水平以及检疫标准等因素影响。

（3）国内产能缺口和国内外价差拉大推动牛肉进口规模呈现高位。受资源禀赋、环保规制以及生产方式等因素影响，中国牛肉产量增速较慢且空间有限，进口牛肉起到补充国内产能缺口的重要作用。从进口量价波动特征来看，2012年以来牛肉进口增速加快，进口量屡创新高，对外依存度处于较高水平，产能缺口扩大和国内外牛肉价差高位运行是推动进口量增长的主要因素，进口量增长带动牛肉进口价格上涨；从进口来源分布来看，中国牛肉进口市场集中于南美洲和大洋洲，进口集中度有所下降但仍处于较高水平，牛肉进口到岸价和进口国动物疫病是影响进口来源结构变动的主要原因。从进口牛肉的影响来看，进口牛肉有利于缓解国内牛肉供给偏紧的局面以及满足多样化的消费需求，促进肉牛产业加快转型升级，但由于进口牛肉成本远低于国产牛肉，促使近年来进口牛肉大幅增加，国外牛肉的替代效应是导致2023年以来中国牛肉价格下跌的重要因素，挤压肉牛养殖户的利润空间，冲击中国肉牛产业的发展。

（4）国内外差异化消费需求、市场价格竞争力以及贸易政策调整促使中国禽肉进口波动，禽肉净进口呈缩小趋势。中国禽肉产量保持较快增速，产量达到历史新高，禽肉消费量快速增加，在肉类消费中的比重明显提升。受国内消费偏好影响，中国主要进口消费互补型的禽肉产品。禽肉产品进口量占国内消费总量的比重不大，对国内市场的影响相对较小。在进口禽肉产品中，鲜冷冻禽肉及杂碎占比最大。在多数年份禽肉进口增减与国内市场价格涨跌呈反向关系，进口量波动性较大，进口来源国呈现动态变化趋势。影响中国禽肉产品贸易竞争力的主要因素是饲料成本和产品品质，美国和巴西得益于丰富的饲料原料和低廉的饲料成本，具备显著的价格竞争优势。此外，中国禽肉产品因兽药残留、疫情管理等问题，在品质上会受到国际检验检疫标准的制约。

（5）国内外市场呈现非线性关系，国内猪肉市场与猪肉进口到岸价格存在耦合效应关系，以反向传导为主。国内猪肉对猪肉进口到岸价具有较强的传导关系，国内猪肉价格每上涨1%，猪肉进口到岸价将上涨0.55%，猪肉进口到岸价每上涨1%，国内猪肉价格将上涨0.24%。国内市场变动是影响猪肉进口价格的核心要素，国际市场波动对国内市场影响较小。生产成本竞争力、国内外猪肉价差分别是中国进口猪肉规模呈现刚性、周期内呈现弹性的关键影响因素。长期来看，国内生猪生产成本是猪肉进口规模的核心影响因素，国内生猪生产成本每增加1%，猪肉进口量将增加4.65%，国内外猪肉价差也会带动猪肉进口量阶段性变动，猪肉价差每拉大1%，猪肉进口量将增加1.05%。

（6）主要进口来源市场出口价格对牛肉进口到岸价具有较强的传导作用。巴西牛肉出口价格对中国牛肉进口到岸价波动的影响程度先增强后减弱，4期后影响程度最高，澳大利亚牛肉出口价格对牛肉进口到岸价波动的影响程度则逐渐增加。巴西牛肉出口价格对中国牛肉进口到岸价变动的影响程度大于澳大利亚。国内牛肉产量与牛肉进口量呈显著的负相关关系，国内牛肉产量每增加1%，牛肉进口量减少16.95%，中国人均GDP、国内牛肉与巴西牛肉价格比值与中国牛肉进口量之间呈显著的正相关关系，中国人均GDP每增加1%，中国牛肉进口总量会增加2.76%，国内牛肉与巴西牛肉价格比值每增加1%，中国牛肉进口总量增加6.49%，同时，人民币与美元汇率对中国牛肉进口总量有影响但并不显著。

（7）市场预期、现货和冻品市场、个体属性等均影响贸易商进口量、进口品种和来源决策行为。贸易商市场看涨属性影响其市场预期指标的选择和预期方向，猪价上涨时进口行为调整快于猪价下跌时。国内当前猪价和国内供给指标是影响贸易商生猪市场预期的主要依据指标，国内冻品库存和餐饮加工需求则影响贸易商冻品市场预期，个人经验为主的市场预期信息来源导致预期与市场形势的错配。由于进口猪肉市场受生猪市场和餐饮加工消费双重影响，生猪市场预期和冻品市场预期均影响其进口行为决策，但国内贸易商进口量决策主要受未来猪肉价格走势和国内外价差预期影响，当国内外价差平均拉大到4712元/吨时，贸易商会增加猪肉进口数量，当国内外价差平均缩小到1931元/吨时，贸易商会减少猪肉进口数量。经贸关系、出口国报价以及品质因素是影响贸易商选择进口市场和供应商的重要因素。猪价下跌、经营持续亏损会促使贸易商相机降低纯肉类猪肉进口量、提高进口产品结构中骨头类和杂碎比例以及转向价格竞争力更高的进口市场。

7.2 对策建议

从中国肉类产品进口规模增大的原因来看，一是国内外生产成本差异，二是供给和消费需求错配。通过研究长期量价波动特征及驱动机理，把握长期发展趋势是对肉类进口贸易宏观调控的基础，在短期内如何促使肉类进口时机更合理、提升肉类进口与国内市场匹配度均是本书研究内容重点需要解决的问题，因此，围绕未来肉类进口贸易发展战略建议采取以下调控机制。

第一，降本增效将肉类进口规模调控在合理范围内，稳定国内生产避免短期内肉类进口过快增长。未来，立足当前畜产品供给侧结构性改革和畜产品供需实际，着眼畜牧业长远发展需要，应落实肉类"适度进口"要求，有增、有稳、有控，分行业、分品种施策。稳定肉类进口规模、避免大量进口冲击国内产业的核心在于降本增效或者将国内外肉类生产成本差控制在合理范围内以及保障肉类生产的稳定性。未来中国肉类进口贸易发展应坚持以国内大循环为主导作用，提升畜牧产业发展质量和韧性。从不同肉类来看，猪肉进口规模波动较大，禽肉进口规模波动幅度相对较小，而牛肉进口规模则持续扩大。中国不同肉类进口规模增长的原因具有相似性和差异性。共同点包括均受国内生产波动、生产成本竞争力差、国内外价差拉大等因素影响，差异性则是猪肉和禽肉产能基础好，产业竞争力较欧美国家存在一定差距，但差距仍处于可控范围内，但牛肉则存在未来产量增长空间有限、成本刚性差距难以缩窄的问题。从中长期来讲，合理调控肉类进口的关键在于降低国内生产成本。因此，政府和企业需不断加大对畜牧产业科技创新资金和技术投入，推进豆粕减量替代技术、无抗和减抗养殖技术、精准疾病防控技术研发与推广应用，鼓励龙头企业全产业链发展，降低饲料环节和生产环节生产成本，提高养殖效率和肉类品质水平，提升肉类生产成本竞争优势，充分利用数字科技和品牌塑造赋能产业竞争力，以品牌引领走出去。从短期肉类进口调控来看，一方面加大对突发性动物疫病的监测与防控工作力度，防止重大动物疫病冲击产能，适度进口作为补充；另一方面，建立牛肉进口调控机制，阶段性提升牛肉进口量，避免过度进口冲击国内肉牛产业。

第二，建立国际肉类产品市场监测预警机制，及时研判全球肉类贸易市场形势。随着中国对外开放程度不断加深，与全球联系越加密切，当世界肉类主产区和市场发生剧烈波动时，将直接影响到中国肉类市场供给稳定。结合第五章实证结果，国内外供给指标和市场价格等是影响肉类进口量价的重要因素，因此，有必要构建国际肉类产品市场信息监测系统，科学调控肉类产品进口贸易，通过多渠道、多方式及时了解、掌握和预测世界主要肉类生产国生产情况，实时监测中国主要肉类进口来源市场价格变化，加强对世界肉类产品消费、贸易信息的搜集和分析，研判长短期内国际肉类产品交易市场的走势，适时调整存在风险的肉类进口来源市场进口规模，转向价格更有优势且质量更有保障的贸易市场，防范国际肉类贸易市场波动风险，加强国际舆论引导，避免国际贸易商借机哄抬物价，保障肉类产品供给安全，为中国相关部门适时调控肉类进口贸易市场和品种提供信息决策支持。

第三，加强对贸易商行为引导，提升贸易商组织化水平。贸易商作为中国肉类进口贸易的市场主体，其进口时机选择和进口数量会对肉类进口总量变化产生直接影响，一旦中国贸易商对肉类产品进口时机把握不准确或过量进口，会对国内畜牧产业和肉类市场产生冲击。结合第六章研究结果可知，肉类进口贸易商决策具有个体特征，缺乏组织化领导。因此，政府部门应构建国际肉类市场贸易预警体系，及时发布国内外价差、主要来源市场价格以及国际运输费用等相关预警指标，服务于肉类进口贸易商，适当引导贸易商理性地调整肉类进口数量，避免过量进口冲击国内肉类市场。当主要进口来源市场价格出现大幅上涨，应及时发布市场预警信息，引导贸易商转向其他进口市场和供应商，进口更具有价格优势的肉类产品，保护贸易商获得合理的进口利润。同时，加强对肉类进口商的组织、管理和引导，建议成立肉类贸易商相关合作组织，加强肉类贸易行业协调能力的培养，形成合力提高国际市场影响力，提升组织化水平，打破信息壁垒，实现信息共享。同时，中国相关政府部门应积极参加国际肉类产品质量安全标准的制定，提高中国在国际肉类产品加工、贸易和管理领域的话语权，并推动构建开放和统一的国际肉类贸易市场，促进肉类贸易相关领域的贸易往来，并推动全球畜牧产业持续健康发展。

7.3 讨论与展望

肉类是中国居民生活重要的"菜篮子",关系国民经济和社会稳定发展。未来,中国应立足于当前国内肉类供给侧结构性改革和肉类供需实际情况,紧密结合畜牧产业的长期发展需求,落实"适度进口"要求,结合不同时期和不同需求的变化,灵活施策,促进肉类进口与国内供需之间的平衡,起到稳产保供作用,推动畜牧产业高质量健康发展。

第一,关于未来肉类进口贸易发展。畜牧产业生产日益受到自然资源禀赋、环境规制以及生态环境可持续发展要求等因素造成的刚性制约,同时由于部分肉类进口存在刚性的消费需求,对肉类进口总量起到底部支撑作用。未来中国猪肉进口规模仍具备百万吨以上的市场体量,禽肉进口仍将保持50万吨以上的规模,牛肉进口量未来可能会在三百万吨上下波动。目前,全球肉类贸易已初步形成"欧美出口,亚洲进口"的格局,从成本竞争力角度来看,由于欧盟生产成本提升,南美地区成本竞争力优势凸显,未来中国自南美进口数量将继续增长。从进口来源市场来看,随着欧盟国家对非洲猪瘟疫情逐渐有效防治后,符合中国检疫要求的国家将被允许输华,未来进口来源国数量和允许输华的屠宰场数量将呈现增长态势,例如2024年1月俄罗斯和比利时重新被允许对华出口猪肉。从长远看,消费需求增加和结构升级将带动中国肉类需求总量继续增加,但增加空间不大。短期内国外生产成本优势依然存在,国内外价差较大促使进口肉类有利可图,贸易商仍将继续进口肉类。与此同时,中国猪肉、禽肉产品以消费主导生产的特征越发明显。一方面,猪肉、禽肉产品消费结构正在发生改变,猪肉、禽肉产品消费由总量的快速扩张转为质量提升。另一方面,畜禽产业全面转型升级迫在眉睫。环保养殖问题、结构性区域性矛盾、畜禽疫情及食品安全问题为代表的突发事件为肉类产品贸易发展和供给稳定带来挑战。中国畜禽产业发展与国家的粮食安全和乡村振兴息息相关,因此,在进口方面,必须坚持适量、适度、适时的原则,科学、合理调控进口量,确保畜禽产业的稳健发展,既要考虑进口量的适度性,也要兼顾国内外市场的平衡,防止进口过量或时机不合理,确保畜禽产业可持续发展与转型升级步伐相适应。

第二,关于国内外肉类市场协调性。目前中国猪肉供需形势已从供不足需转为结构性过剩,其显著特征是阶段性供过于求和长期供需错配并存、库存积压与过度进口并存。2023年全国猪肉产量已超过非洲猪瘟发生前水平,接近2014年高点,国内猪价持续低迷,不少散户因亏损而退出市场,龙头猪企负债率攀升,养殖端呈现亏损态势。国内冻肉库存量变化是未来猪肉进口需求的重要参考指标,目前国内冻肉库存主要来自进口猪肉和国内猪肉两种类型,如何发挥国内外市场协调性,可从两方面入手:一是从库存角度来讲,当国内猪价处于高位时,应及时出库来增加市场供给和平稳市场价格,当国内猪价处于低位时,应延缓或减少集中出库,减少对国内市场的冲击,进而减缓进口猪肉的冲击效应;二是从猪肉消费来讲,在国内猪价处于常态水平时,引导企业对库存冻肉进行深加工,增加猪肉产品附加值,满足消费者多样化需求。中国禽肉产能快速提升的同时，质量未能及时跟进，导致出口国际市场受限，国内生产也未能满足消费者多样化的需求，促使禽肉仍处于净进口状态。国内牛肉生产则面临产能不足、资源禀赋有限、生产成本高昂等原因导致近年来进口规模持续创新高，对国内产业和市场的影响程度较大，出现养殖户大幅亏损和企业倒闭现象。鉴于中国人均资源相对匮乏，必须积极开拓并高效利用国外资源和市场，但肉类最基本供给必须坚持以国内生产为主导的地位，必须依靠国内畜禽产业高质量发展。同时，适度进口肉类也是符合中国基本国情的明智选择。因此，中国政府必须统筹协调好当前去库存、长期保产能与适度进口三者间关系，未来肉类供给应立足国内生产，适度进口补充，统筹兼顾国内外市场，充分考虑肉类生产与消费的替代性，促进肉类市场生产、消费和进口三者协调发展，共同保障肉类市场供需平衡发展。

第三，关于肉类贸易的调控。随着中国生猪和肉禽产能进入稳定阶段，猪肉和禽肉供给相对稳定后，大量进口猪肉和禽肉的可能性不大，而牛肉受限于资源禀赋、生长周期等客观因素影响，国内产能增长空间有限，进口规模仍将呈现高位水平。未来需要充分利用国内畜禽价格周期规律，当国内肉类价格处于下行周期时，应适当控制肉类进口规模，避免大量进口冲击国内市场，当国内肉类价格处于上行周期时，科学评估肉类进口时机，更大程度地发挥肉类进口贸易稳定国内市场的作用。引导贸易商合理进口行为是落实宏观调控政策重要的组成部分。贸易商作为肉类贸易的市场主体，应适当引导其贸易行为减缓进口的冲击。贸易商作为一个主观个体，其个人经验会影响其市场预期和行为决策的形成。通过第六章问卷调研结果可知，影响贸易商市场预期决策行为的关键因素是国内外价差和短期市场价格，因此，政府部门要加强对国内外肉类价格监测，及时发布价差预警信息，避免贸易商盲目看好后市，有序引导贸易商合理进口，维护贸易商合法权益，促进民间肉类贸易健康发展，进而发挥肉类外部供给保障作用。目前，国内尚未成立肉类贸易商协会相关组织，未来可通过政府牵头成立相关组织，便于政府对肉类贸易行业进行规范引导，同时也便于贸易商之间交流相关讯息。

第四，关于本书研究内容的展望。放眼国内外关于肉类贸易影响因素的相关研究，能够聚焦肉类进口贸易影响因素、贸易主体行为影响因素的研究并不多，如何发挥肉类进口贸易与国内外市场的协调性、引导贸易商合理进口的问题值得社会与行业的重点关注。本书研究内容基于新旧国际贸易理论的基础理论，从宏微观视角去研判肉类进口贸易的影响因素，研判中长期肉类进口需求和进口市场结构变动特征，希望能为肉类进口贸易宏观调控战略和相关进口贸易政策调整作出些许贡献，引导保障肉类进口量保持在合理水平，为政府提供肉类进口和畜禽生产的决策参考，通过对贸易商行为决策的科学引导也能够更好地落实肉类进口贸易调控政策，但在部分研究内容和问题方面仍是缺乏深度。面对日益复杂的国际贸易形势、畜牧产业高质量发展的要求，未来中国肉类进口贸易需要根据国内肉类产品供需形势，统筹肉类产品生产和消费需求结构、未来增长空间，根据畜牧行业发展特征，保障肉类供给、消费需求稳定，推动肉类贸易格局和结构优化，引导贸易商合理进口，构建肉类供给保障体系。

参考文献

丁瑶，曹历娟，2021."一带一路"背景下中国对越南农产品出口影响因素再考察——基于修正和扩展的CMS模型［J］.江苏农业科学，49（1）：209-217.

郎天志，2022.新冠疫情对中国猪肉进口国际市场的影响［J］.全国流通经济（6）：17-21.

毛学峰，杨军，2015.价格联系、市场边界与政府干预——以小麦、玉米和食糖价格联系为例［J］.中国农村经济（8）：33-43.

农业部农产品贸易办公室，农业部农业贸易促进中心，2013.中国农产品贸易发展报告［M］.北京：中国农业出版社.

田聪颖，肖海峰，2017.贸易开放背景下中国肉类进口市场格局研究——基于产品异质性的实证分析［J］.国际贸易问题（9）：130-141.

王维方，刘爱民，强文丽.2011.中国大豆资源的虚拟土贸易及进口依存度分析［J］.自然资源学报，26（07）：1139-1147.

杨莲娜，2011.中国水产品对欧盟出口波动影响因素分析［J］.农业经济问题，32（6）：103-109，112.

张海峰，陈南，刘珊，等，2023.我国猪肉产品进出口贸易不均衡成因分析［J］.中国畜牧杂志，59（12）：347-350.

CHAN K S, 1993. Consistency and limiting distribution of the least squares estimator of a threshold autoregressive model［J］. The Annals of Statistics (21): 520–533.

ENDERS W, 2008. Applied econometric time series［M］. New York: John Wiley & Sons.

JEPMA C J, 1986. Extensions and application possibilities of the constant market shares analysis. The case of the developing countries' export［D］. Netherlands: University of Groningen.

TYSZYNSKI H, 1951, World trade in manufactured commodities,1899-1950［J］. The Manchester School of Economic and Social Studies, 9,19(3):222-304.